LAISSE-MOI PARTIR, MÈRE

HELGA SCHNEIDER

LAISSE-MOI PARTIR, MÈRE

Traduit de l'italien
par Pierre-Emmanuel Dauzat

ROBERT LAFFONT

Titre original :

LASCIAMI ANDARE, MADRE

ISBN 2-266-13034-X

« La haine est un sentiment qui m'a toujours été étranger. »

Rudolf Höss
(commandant d'Auschwitz)

À Daniela.

Vienne, mardi 6 octobre 1998. À l'hôtel

Vingt-sept ans ont passé. Aujourd'hui, je te revois, mère, et je me demande si, entre-temps, tu as compris tout le mal que tu as fait à tes enfants. Je n'ai pas fermé l'œil de la nuit. Maintenant, il fait presque jour ; j'ai tiré le store. Un voile de lumière tamisée se dissipe au-dessus des toits de Vienne.

Aujourd'hui, je te revois, mère, mais avec quels sentiments ? Que peut éprouver une fille pour une mère qui a refusé de tenir son rôle de mère afin de rejoindre la scélérate organisation de Heinrich Himmler ?

Du respect ? Uniquement pour ton âge vénérable – mais pour rien d'autre. Et puis ?

Difficile de dire « rien ». Après tout, tu es ma mère. Mais impossible de dire « amour ». Je ne peux t'aimer, mère.

Je me sens agitée et, malgré moi, je repense à notre dernière rencontre, en 1971, quand je t'ai revue au bout de trente ans, et je frissonne en songeant à l'effroi que j'ai ressenti en découvrant que tu avais appartenu à la SS.

Et que tu ne t'étais pas repentie, non plus. Tu

demeurais satisfaite de ton passé, satisfaite d'avoir été une employée modèle dans cette efficace fabrique d'horreurs.

Il est six heures, le ciel est livide. La journée sera pluvieuse. Et aujourd'hui je te revois, mère, pour la seconde fois depuis que tu m'as abandonnée, il y a cinquante-sept ans : une vie. J'éprouve une sensation d'excitation amère, d'attente impatiente. Parce que, malgré tout, tu es ma mère.

Qu'allons-nous dire ? Que vas-tu me dire ? Vais-je déceler en toi un soupçon de regret pour ce qu'il n'y a pas eu entre nous ? Auras-tu pour moi cette caresse maternelle que je désire depuis plus d'un demi-siècle ? Ou m'écorcheras-tu encore par ton indifférence ?

En 1971, je vivais en Italie avec Renzo, mon petit garçon ; et soudain j'ai senti le besoin irrépressible de te chercher. Je t'ai trouvée. Et avec mon gamin je me suis précipitée à Vienne pour t'embrasser. Mais ce petit-fils qui te regardait, intrigué et plein d'enthousiasme, tu l'as traité avec détachement, lui refusant le droit d'avoir une grand-mère, comme tu m'as refusé celui d'avoir une mère. Parce que tu n'as jamais voulu être mère : du jour où nous sommes nés, tu nous as toujours confiés à d'autres, moi et mon frère Peter. Et pourtant, sous le IIIe Reich, en particulier en la personne du ministre de la Propagande, Joseph Goebbels, la maternité était glorifiée jusqu'à l'obsession.

Même Heinrich Himmler, le *Reichsführer* des SS et ton chef, mère, soutenait qu'il ne fallait jamais déroger à un principe avec les siens : l'honnêteté, la loyauté et la fidélité sont de rigueur quand on a affaire à ceux de son sang. Et tes deux enfants n'appartenaient peut-être pas à ton sang ?

Non, tu ne voulais pas être mère ; tu préférais le pouvoir. Devant un groupe de détenues juives, tu te sentais toute-puissante. Gardienne de Juives faméliques, épuisées et désespérées, de Juives au crâne rasé, au regard vide : quel pitoyable pouvoir, mère !

Je fixe le ciel inhospitalier de Vienne, et une bouffée de révolte me submerge : je m'en veux d'avoir répondu avec tant de sollicitude à l'appel d'une inconnue. J'aurais dû faire comme si de rien n'était, me dis-je, laisser les choses suivre leur cours comme depuis trente ans.

J'ai décidé de partir avec trop de précipitation.

La lettre était arrivée à la fin du mois d'août, et pour quelque obscure raison j'avais eu de l'appréhension avant même de l'ouvrir. Que pouvait donc contenir cette enveloppe d'une écœurante couleur rose ? Je n'attendais aucun courrier de Vienne. J'avais abandonné la ville en 1963 et, depuis lors, j'avais perdu tout contact avec les vieux amis.

L'expéditrice s'appelait Gisela Freihorst et se présentait comme une amie chère de ma mère. Ainsi ai-je appris qu'elle était encore en vie.

De fait, elle l'était encore, mais dernièrement elle avait été transférée dans un *Seniorenheim*, une maison de repos pour personnes âgées. Son état s'était aggravé : elle sortait de chez elle et se perdait, oubliait de fermer les robinets d'eau ou, pis encore, celui du gaz, risquant de faire sauter tout l'immeuble ; bref, comme on dit dans ces cas-là, elle était devenue dangereuse pour elle et pour les autres.

Au début, elle avait été soignée par le centre d'hygiène mentale de son quartier : trois fois par semaine, elle devait se rendre à l'hôpital de jour ; le reste du temps, c'étaient des assistantes sociales qui s'occupaient d'elle. Chaque fois, elle les faisait tourner en bourrique et elles craquaient : de toute évidence, son caractère, depuis toujours méfiant, revêche et rebelle, ne s'était pas adouci avec les années. Finalement, on avait décidé de la retirer de chez elle pour la placer dans un cadre où l'on pourrait la surveiller jour et nuit.

« Votre mère approche des quatre-vingt-dix ans, concluait la lettre, et pourrait bien s'en aller d'un jour à l'autre. Pourquoi ne pas envisager une nouvelle rencontre ? Après tout, elle est toujours *votre mère.* »

Ces mots, à la fois simples et bureaucratiques, m'ont profondément troublée. Après les retrouvailles décevantes de 1971, j'avais enfoui le souvenir de ma mère dans un obscur recoin de ma mémoire ; depuis de longues années, j'étais convaincue que la sépulture virtuelle était entre-temps devenue réelle. J'imaginais ma mère inhumée dans un des cimetières attachants de Vienne, sa ville natale et celle de mon père. Cette Vienne où j'ai vécu enfant, au collège, seule et pleine de rancœur ; que j'avais admirée mais pas aimée. Vienne avec son immortelle fierté impériale. Vienne la rigoureuse, la civile, la verte, la propre, la glaciale.

Cette Vienne que maintenant, vingt-sept ans après, je regarde encore avec une sorte de fascination empreinte de méfiance.

Voilà comment je me suis laissé avoir. Cette lettre glissée dans son enveloppe d'un rose écœurant est venue m'arracher à la réconfortante conviction que ma mère était morte, que je ne serais plus déchirée et meurtrie par sa faute.

Six heures vingt. Il commence à pleuvoir. Le ciel maussade exaspère mon inquiétude.

J'aurais dû ignorer la lettre, j'en suis chaque fois plus convaincue. Je serais restée troublée quelques jours, puis, petit à petit, je l'aurais enfouie avec tout le reste, glissant de nouveau vers un semblant de sérénité.

Mais non. Je me suis laissé chavirer par les nouvelles, par les mots d'affliction de Frau Freihorst. Ou peut-être par la curiosité : à quoi pouvait bien ressembler ma mère aujourd'hui ?

À moins que n'ait resurgi en moi une petite espérance, une espérance imbécile ? Peut-être avait-elle changé ; peut-être s'était-elle repentie ; peut-être le grand âge lui avait-il adouci le cœur ; peut-être serait-elle même capable d'un geste maternel. La curiosité, l'espérance et une sorte d'appel obscur. J'avais cédé et, comme si je craignais de changer d'idée, j'avais aussitôt annoncé mon arrivée à Frau Freihorst.

Aujourd'hui, je te revois, mère, et j'ai le cœur qui bat. Qu'allons-nous dire ? Et si, comme en 1971, tu ne veux parler que de toi et de ton passé, comme si cela t'apaisait de faire comprendre que l'effondrement du nazisme t'avait anéantie ? Essaierais-tu, une fois de plus, de louer tes anciens camarades parmi lesquels, m'as-tu dit, se trouvaient des « pères de famille irréprochables » ?

Je me souviens que tu as chanté les louanges de Rudolf Höss. Tu t'es vantée de l'avoir bien connu, et d'avoir également connu et fréquenté sa femme et ses cinq enfants. Tu as dit que Höss avait été le meilleur commandant d'Auschwitz et que tu avais très mal vécu son départ. Tu ne pouvais plus rendre visite à Frau Höss dans sa belle petite maison de la SS-Siedlung, à l'extérieur de la clôture électrifiée – cette même clôture contre laquelle quantité de détenus tentaient de se jeter pour trouver une mort rapide et libératrice. Tu ne pouvais plus retremper tes forces dans l'idyllique maisonnette des Höss, tu ne pouvais plus faire passer la fatigue qui, de temps à autre, réussissait à terrasser même une gardienne inébranlable comme toi.

J'ai eu l'occasion, par la suite, de lire les mémoires

que Höss a écrits dans les mois qui ont précédé son procès et son exécution : et j'ai repensé, avec un mélange d'effroi et d'incrédulité, à l'emphase de ta description. Mais peut-être, mère, peut-être as-tu changé maintenant. Peut-être pourrons-nous enfin parler, comme se parlent une mère et sa fille qui ne se sont pas vues depuis vingt-sept ans, qui ne se sont jamais parlé de toute leur vie.

Extrait d'une déclaration sous serment de Rudolf Höss, membre des SS et commandant d'Auschwitz du 1er mai 1940 au 1er décembre 1943, jugé et condamné à mort par un tribunal polonais :

« Les exécutions massives dans les chambres à gaz ont commencé dans le courant de l'été 1941 et ont duré jusqu'à l'automne 1944. J'ai supervisé en personne les exécutions à Auschwitz jusqu'au 1er décembre 1943. [...]

« La "solution finale" de la question juive signifiait l'extermination de tous les Juifs d'Europe.

« En 1942, j'ai reçu l'ordre de rendre les exécutions à Auschwitz plus efficaces. À l'époque existaient déjà trois autres camps d'extermination dans le gouvernement général : Belzec, Treblinka et Wolzec. Ces *Lager* se trouvaient sous le commandement de la police de sécurité et du SD, les services de sécurité et d'espionnage du Reich.

« Je me suis rendu à Treblinka pour examiner leur méthode d'extermination. Le commandant du Lager m'a dit avoir liquidé quatre-vingt mille personnes au cours des six derniers mois, pour la plupart des Juifs du ghetto de Varsovie. Il employait du monoxyde de carbone, mais apparemment sa méthode n'était pas très efficace. Lorsque j'ai fait construire la structure d'extermination d'Auschwitz, j'ai utilisé le zyklon B, de l'acide prussique cristallisé que nous jetions dans les chambres à gaz par de petits orifices. La mort survenait dans un délai de trois à quinze minutes. Quand on n'entendait plus les gens hurler, on savait qu'ils étaient tous morts.

« Une autre amélioration par rapport à Treblinka a été la construction de chambres à gaz qui pouvaient contenir jusqu'à deux mille personnes, tandis que la capacité des dix chambres à gaz de Treblinka n'était que de deux cents personnes.

« La méthode de sélection des victimes était la suivante : à Auschwitz, deux médecins avaient pour tâche d'examiner les nouveaux prisonniers, dont les arrivées se succédaient à un rythme soutenu. Les détenus devaient défiler devant l'un des deux médecins qui, d'un geste, signifiait sa décision. Ceux qui étaient aptes au travail étaient envoyés au camp, tandis que les autres rejoignaient aussitôt la structure d'extermination. Les enfants en bas âge étaient systématiquement exterminés parce que inaptes au travail.

« Voici encore une autre amélioration par rapport à Treblinka : alors que les victimes de Treblinka savaient presque toujours qu'elles allaient être anéanties, à Auschwitz on s'efforçait de les tromper en leur faisant croire qu'elles devaient subir un traitement de désinfection des poux. Bien entendu, il est arrivé assez souvent qu'elles devinent nos véritables intentions, et il nous a fallu en conséquence écraser des révoltes. Souvent, les mères cherchaient à dissimuler leurs petits enfants sous leurs vêtements, mais on les trouvait sans mal et on les envoyait tout de suite à la chambre à gaz. En réalité, on aurait dû procéder à l'extermination dans le plus grand secret, mais l'odeur putride et nauséabonde qui se dégageait de la crémation ininterrompue des corps se répandait dans les alentours ; les gens qui vivaient dans les communes voisines savaient donc qu'un processus d'extermination suivait son cours à Auschwitz [1]... »

La seule pensée de ces petits enfants séparés de leurs mères pour être envoyés, seuls, dans les chambres à gaz est insupportable.

Insupportable aussi, la pensée que ma mère elle-même ait été complice de tout cela.

Pluie lente et désolée. L'asphalte, devant l'hôtel, scintille à la lueur des lampadaires encore allumés.

Petit à petit, tandis que l'aube incertaine va se métamorphoser nonchalamment en une matinée humide, je commence à ressentir un grand épuisement ; mon esprit, en revanche, est bien éveillé et traversé, par éclairs, de pensées angoissantes. J'aurais besoin d'un café, d'un café bien serré à l'italienne.

Aujourd'hui je te revois, mère, et à cette perspective je sens un véritable gouffre s'ouvrir en moi. Vingt-sept ans ont passé depuis notre dernière rencontre. Y aura-t-il encore quelque chose à sauver, mère ? N'est-il pas trop tard pour quoi que ce soit, ne serait-ce que chercher à comprendre, à pardonner, à ébaucher un rapport atrocement tardif, si ténu soit-il, entre mère et fille ?

« Donne tes mains », m'avais-tu dit. Je ne l'oublierai jamais. Tu m'avais entraînée par le bras, comme pour me raconter un secret, dans la chambre à coucher du petit appartement du quartier de Mariahilfe ; et tu avais ouvert un coffret : un geste ancien, qui prélude à un cadeau, n'est-ce pas, mère ?

« Donne tes mains. » Et tu me les avais remplies de

1. Cité *in* Wolfgang Schneider (éd.), *Die Waffen-SS*, Berlin, 1998.

bagues, de bracelets, de boutons de manchette, de breloques et de broches avec une montre et un enchevêtrement de colliers et de chaînes. Un instant, j'ai regardé tout cet or sans comprendre. Puis j'ai compris, et ce fut comme si je me brûlais les mains. J'ai ouvert les paumes et les bijoux sont tombés en résonnant sur le sol. Tu m'as fixée, déconcertée.

« Je voulais te faire un cadeau, dis-tu enfin avec une féroce candeur. Cela pourrait te servir en cas de besoin ; dans la vie, on ne sait jamais.

— Je n'en veux pas. »

Tu t'es mise alors à ramasser les objets, un par un, avec un mélange d'application et d'affliction. Quand tu as soulevé délicatement une chaîne, j'ai eu un coup au cœur.

C'était une de ces chaînes que l'on offre aux enfants pour leur quatrième ou cinquième anniversaire, une babiole apparemment légère mais de facture assez précieuse. À cet instant, une image s'est superposée avec une effarante clarté à celle de toi ramassant ton or : l'image de toi poussant dans la chambre à gaz la fillette à la chaînette. C'est à cet instant que tout s'est décidé. J'étais certaine d'une chose : cette mère-là, moi, je n'en voulais pas.

Cette mère qui jamais ne m'avait recherchée et qui maintenant ignorait mon enfant, seul dans le séjour avec un album à colorier.

Je me souviens encore de ton air à la fois dépité et fâché : comment je me permettais, moi, ta fille, de refuser un pareil cadeau ? Vraiment, mère, tu avais cru pouvoir me dédommager de ta longue fuite par une poignée d'or ?

« Tu n'en veux pas ? Tu en es sûre ? » as-tu essayé une dernière fois.

Quelle insistance obtuse, exaspérante ! Sèchement,

j'ai répété mon « non ». Je n'ai pas cherché non plus à t'en donner les raisons : c'eût été inutile.

Je suis prête. Il ne me reste qu'à descendre dans le hall où m'attend Eva, ma cousine, venue exprès d'Allemagne pour être à mes côtés aujourd'hui. J'ai la tentation soudaine d'annuler la visite. Pourtant elle se rendrait difficilement complice d'un pareil acte de puérile lâcheté. C'est une femme de caractère, douce, mais obstinée, cohérente avec elle-même.

Eva est la fille de la sœur de mon père, Stefan ; nous nous sommes retrouvées voici deux ans, après une très longue séparation.

La dernière fois que je l'avais vue, c'était en 1942, à Berlin, où ses parents possédaient une magnifique villa fréquentée par la meilleure société de la capitale, à l'occasion des secondes noces de mon père avec Ursula, une jeune et avenante Berlinoise qui allait devenir mon irréductible ennemie. Elle ne voulait pas de moi, elle n'acceptait que Peter, mon petit frère. Je lui rendais la monnaie de sa pièce. Une réaction instinctive, animale.

Mon père l'avait connue au cours d'une permission et, à ce qu'on m'a dit, il y avait eu entre eux le coup de foudre classique. Peut-être, mais, s'il a décidé de demander le divorce et de se remarier de manière un peu précipitée, c'est aussi parce qu'il voulait donner une seconde mère aux deux enfants encore petits. L'autre, la vraie, était partie un an plus tôt, dans le courant de l'automne 1941 ; j'avais quatre ans, Peter dix-neuf mois. Elle nous avait abandonnés pour s'engager dans la SS. Restés seuls, nous avions été recueillis par tante Margarete, la sœur de mon père. Or, compte tenu de sa santé précaire, ce ne pouvait être qu'un arrangement provisoire. La grand-mère eût été heureuse de nous élever, mais elle était âgée, et il était préférable que les deux enfants grandissent aux côtés d'une femme jeune, encore pleine d'énergie. En théorie impeccable, le raisonnement tourna en pratique au désastre.

Après ce blitz à objectif matrimonial, mon père repartit pour le front ; dès le premier instant, la cohabitation avec ma marâtre fut un enfer. Elle eut tôt fait de se débarrasser de moi en m'enfermant dans une institution pour enfants difficiles, une sorte de dépotoir pour les gosses que les familles ne voulaient pas avoir dans les pattes, et là il s'en est fallu de peu que je ne me laisse mourir de faim (je ne voyais pas d'autre solution pour fuir cet antre d'horreur et de désespoir).

« Comment te sens-tu ? » s'enquiert Eva.

Nous prenons le petit déjeuner dans une salle tranquille, dont les fenêtres donnent sur une cour plantée d'arbres et noyée sous un nuage de buée.

« Très mal, dis-je en lançant un regard hargneux à la machine à espresso de marque italienne qui fait tout sauf du café à l'italienne. Si seulement j'avais un bon café, soupirai-je.

— Mais tu en as bu trois, me rappelle-t-elle.

— De l'eau de vaisselle !

— Ce n'est pas croyable comme vous autres, Italiens, êtes attachés à votre café », observe ma cousine en souriant.

À ses yeux, désormais, je suis « l'Italienne ».

« Et vous à vos *Würstel* ! »

Ma réplique est sans acrimonie : je l'aime bien, Eva ; malgré toutes les années qui ont passé, je la sens proche comme une sœur.

« Courage ! m'exhorte-t-elle. Je suis là.

— Ça va me faire un choc. Elle aura beaucoup vieilli. Peut-être même que je ne la reconnaîtrai pas.

— Eh oui, reprend-elle avec une affectueuse ironie. C'est bien connu, les mères vieillissent.

— Une chose est de voir vieillir sa mère jour après jour, répliqué-je, indignée, une autre est de la rencontrer presque pour la première fois quand elle a soixante ans, et pour la seconde à près de quatre-vingt-dix !...

— Tu as raison, convient-elle d'un air songeur en posant sa main sur la mienne en un geste de solidarité. Mais maintenant tu ne peux plus reculer. Et puis, qui sait si tout compte fait tu ne seras pas contente... ?

— J'ai la nausée », dis-je, au bord des larmes.

Le taxi est ponctuel : nous l'avons réservé à l'avance, parce que la maison se trouve hors de Vienne. Le chauffeur est un homme qui frôle la quarantaine, plus large que haut, avec une belle bedaine de buveur de bière. Pendant un temps, nous écoutons tous les trois en silence une allègre polka de Smetana. Il pleut encore. Le ciel est plombé. Les essuie-glaces crissent, monotones, sur le pare-brise. Le dossier de ma mère me revient en mémoire. Eva et moi l'avons retiré hier au Centre Wiesenthal ; il en est ressorti un itinéraire encore plus bouleversant que je ne le prévoyais. Militante de la première heure au sein du parti national-socialiste, puis Sachsenhausen, Ravensbrück et enfin Auschwitz-Birkenau. Dans le camp de concentration pour femmes de Ravensbrück, elle avait collaboré à certaines expériences effectuées sur les détenues, puis avait suivi une formation pour futures gardiennes de camps d'extermination. À Birkenau, ils envoyaient les plus dures, les plus coriaces.

Nous traversons un petit village à l'extrême périphérie de Vienne. À un moment, Eva prie le taxi de s'arrêter devant un magasin de fleurs.

« Des fleurs ? demandé-je, soupçonneuse.

— Tu ne vas quand même pas arriver les mains vides.

— Ça ne te semble pas hypocrite ?

— Les gestes formels sont parfois absolument indispensables », déclare-t-elle avec une douceur implacable.

Peu après, le taxi s'arrête devant un fleuriste. L'intérieur de la boutique est entièrement revêtu de bois clair et il y règne une forte odeur de cimetière.

« À quelles fleurs aurais-tu pensé ? demande Eva d'un ton pratique.

— Je n'ai pensé à aucun type de fleurs, dis-je, maussade.

— C'est bon, je m'en charge. »

Elle choisit des fleurs sobres et pas très voyantes. Quand le bouquet est prêt, elle fait signe à la vendeuse de me le remettre. Je le prends presque avec répulsion, comme s'il cachait un danger. J'ai l'impression qu'il me pique les doigts.

« Il y a des épines », protesté-je.

La vendeuse, une femme aux cheveux camomille attachés sur la nuque avec un nœud de velours et aux yeux d'un bleu intense, prend un air offensé.

« Il n'y a pas d'épines !

— Et pourtant..., ronchonné-je.

— Assez fait d'histoires », me reprend Eva.

Nous payons et nous sortons. Je me retourne et je vois la fleuriste qui nous suit du regard derrière la porte vitrée de sa boutique.

« Des épines... », ricane Eva avec un soupçon de tendresse et d'ironie.

Nous arrivons au rendez-vous, fixé à dix heures, avec un quart d'heure d'avance.

Le taxi s'arrête devant une grande porte : au-delà d'un haut mur moyenâgeux, j'entrevois un ensemble de bâtiments de couleur claire. Le chauffeur nous ouvre la portière, nous souhaite *eines schönen Tage*, glisse à nouveau sa bedaine dans la voiture et repart.

Nous allons nous présenter sous le porche quand, soudain, j'ai l'impression de suffoquer.

« Arrête-toi..., dis-je d'une voix haletante.

— Qu'est-ce qui t'arrive ? s'enquiert Eva, soucieuse.

— Je manque d'air.

— Respire lentement, c'est l'émotion.

— Je ne suis pas émue ! »

La panique me paralyse.

Je m'éloigne du porche et m'appuie au tronc d'un vieux platane. Je suis confuse et furieuse contre moi-même. J'aurais pu éviter tout cela en ignorant la lettre. Maintenant, alors que je reprends petit à petit ma respiration, je pense aux moyens de me dérober et de revenir sur mes pas.

« Tu es prête ? demande Eva.

— Non », répliqué-je en donnant un coup à l'arbre qui m'a soutenue.

À un moment, je suis prise d'une violente quinte de toux. Je tousse jusqu'à en pleurer.

« Qu'est-ce... qui... m'arrive ? » dis-je en sanglotant.

J'ouvre mon sac, cherche un mouchoir, mais tout le contenu se renverse sur l'herbe trempée. Il s'en faut de peu que je ne fonde en larmes pour de bon.

Eva se penche à son tour pour m'aider à ramasser mes colifichets ; nos regards se croisent.

« Tu te souviens de ce que tu m'as dit en 1942 à Berlin, la dernière fois que nous nous sommes vues ? » questionné-je, en équilibre sur les talons.

Eva fronce les sourcils.

« Il me semble t'avoir dit : grosse vache.

— Exactement. Comment as-tu pu te permettre ?

— Mais tu m'avais traitée de grosse bique ! » reprend-elle.

Nous éclatons de rire.

« Imagine, cinquante ans ont passé... », dis-je dans un soupir quand notre hilarité retomba.

Je me redresse avec un certain effort, une main sur le dos.

« Nous sommes vieilles, maintenant... »

À présent que nous revoilà debout, Eva me scrute d'un air critique.

« Qu'est-ce qu'il y a ? fais-je, soupçonneuse.

— Tu devrais te refaire une beauté. Tu as du rouge sur les paupières et du rimmel sur les lèvres.

— *Wunderbar !* dis-je en sortant mon attirail : miroir, rouge à lèvres, poudre compacte.

— Tu es prête ? reprend Eva.

— Non.

— Ça ne fait rien, tranche-t-elle sèchement. Nous n'avons plus que quelques minutes devant nous. »

À la conciergerie, nous demandons *Fräulein* Inge, comme on m'a dit de le faire quand j'ai appelé d'Italie pour annoncer ma visite.

Le concierge, une grande perche guillerette avec des petites moustaches de rat, se met à pianoter sur un imposant central téléphonique.

« Vous voyez ce bâtiment beige, derrière la fontaine ? nous indique-t-il enfin. Vous allez là-bas et vous vous renseignez à la réception. »

La tension, qui était un peu retombée avec notre fou rire, me dévore à nouveau, nue et oppressante. Pardessus le marché, je me trouve ridicule avec ce bouquet à la main.

« Mais c'est que ça pique ! » murmuré-je pour m'assurer que ma voix ne s'étrangle pas dans ma gorge.

Je me sens desséchée, et la plante des pieds me démange.

« Attends, dis-je à Eva en la tirant par la manche de son pardessus.

— Qu'est-ce qu'il se passe encore ? fait-elle, de l'air d'une sœur qui s'impatiente tendrement.

— Il faut que je retire mes chaussures.

— Tes chaussures ? balbutie-t-elle, consternée.

— Ça me démange à la plante des pieds... », dis-je d'une voix implorante.

Mais Eva secoue la tête.

« N'y pense pas. Ça passera. »

Et, me prenant par le bras, elle m'entraîne vers une grande porte.

« Nous sommes à l'heure, il est dix heures », observe-t-elle, satisfaite.

Le seuil franchi, nous nous trouvons devant un petit cagibi transparent occupé par deux jeunes femmes qui ont tout l'air d'être des hôtesses. L'une travaille sur un ordinateur ; je m'adresse à l'autre et lui demande, en indiquant mon prénom et mon nom, si elle aurait l'amabilité de prévenir Fräulein Inge de mon arrivée.

Elle compose le numéro de ses ongles peints en rose.

« Elle arrive tout de suite », nous annonce-t-elle enfin avec une amabilité toute professionnelle.

Mais, aussitôt, elle fait volte-face et son sourire s'éteint. Sa collègue a attiré son attention sur quelque chose qui apparaît à l'écran. Le regard fixe, elles sont plongées dans leur lecture. Elles se retournent enfin, me lançant un coup d'œil en coin. Je crois comprendre. Je suis la fille de l'ex-nazie.

Je remarque une gêne qui n'a rien de nouveau pour

moi. Je m'approche de la vitre, feignant de contempler un timbre qui représente un village situé au bord d'un délicieux lac du Salzkammergut autrichien, et je repense à ce qui s'était passé à Milan, deux ans plus tôt.

J'avais été invitée à participer à une commémoration du cinquantième anniversaire de la promulgation en Italie des lois raciales. Parmi les intervenants, dans un théâtre plein à craquer, se trouvaient un historien, un écrivain, des représentants de la vie culturelle milanaise, deux déportés dans des camps d'extermination nazis, et moi, fille d'une gardienne à Auschwitz-Birkenau.

Au cours d'une pause, une femme s'est approchée de moi, une survivante de Birkenau. Elle m'a regardée droit dans les yeux, puis explosé à brûle-pourpoint :

« Je vous hais ! »

Un instant, je suis restée sans voix.

« Pourquoi ? Pourquoi me haïssez-vous ? demandai-je quand j'eus recouvré mes esprits.

— Parce que votre mère était gardienne à Birkenau, et je crois bien me souvenir d'elle. Une blonde à la main lourde qui, un jour, m'a cassé les incisives d'un coup de matraque. Pas vrai ? Une grande blonde robuste... »

Elle me fixait d'un air très agressif.

« Je, je... ne sais pas, ai-je balbutié.

— Vous ne savez pas si votre mère était blonde ou non ? Vous avez pourtant une photo, quelque chose ? Je veux le savoir, je veux savoir si cette grande blonde de Birkenau était votre mère ! »

Elle m'avait saisie par le bras, et ses doigts nerveux se resserraient autour de mon poignet.

J'ai secoué la tête, impuissante.

« Je ne saurais le dire. Quand ma mère se trouvait à Birkenau, je n'avais aucun contact avec elle. Je... je... »

Ma voix s'est étranglée dans ma gorge.

« Ça ne fait rien. »

La femme a relâché son étreinte, la main est retombée.

« Excusez-moi... »

Elle s'est tue et ses épaules se sont affaissées dans un mouvement étrange et pénible.

Elle avait dans les soixante-dix ans. Petit et fragile, son visage était marqué par une souffrance ancienne et indélébile.

Un des organisateurs, qui avait suivi la scène, s'est approché :

« Franchement, il ne me semble pas que..., a-t-il commencé.

— Vous avez raison, l'a interrompu la femme, les épaules toujours plus voûtées. Je regrette... C'était plus fort que moi. Excusez-moi. »

Elle s'apprêtait à regagner la salle, mais ce fut à mon tour de la retenir par le bras et de la regarder au fond des yeux.

« Vous n'avez aucune excuse à demander, lui ai-je dit, mais il n'y a rien non plus dont on puisse m'accuser. À la fin de la guerre, j'avais sept ans et demi. »

Quelque chose dans son visage s'est adoucie.

« Sept ans et demi..., a-t-elle repris. Vous avez raison. Excusez-moi encore. »

Elle s'est éclipsée.

« Il faut la comprendre, observa l'enseignant qui avait pris ma défense en la suivant des yeux. Ils ne pourront jamais oublier.

— Je sais. »

Quiconque a été dans les camps n'en est jamais

ressorti indemne. Aucun survivant d'Auschwitz n'est jamais définitivement guéri du mal.

« Ces dames m'attendent ? » interroge une voix jeune et claire.

Fräulein Inge est une femme d'une trentaine d'années au visage rond, rose et angélique.

Nous échangeons quelques phrases de circonstance.

« Ainsi donc, cela fait vingt-sept ans que vous n'avez pas vu votre mère ? »

Elle sourit, mais il n'y a nulle trace de blâme dans sa voix.

Je réponds avec peine, en déglutissant. Comme si mes cordes vocales étaient paralysées.

« Eh oui... Mais, naturellement, il y a des raisons... Je veux dire, cela peut paraître étrange qu'une fille... »

Fräulein Inge hoche doucement la tête.

« Vous n'avez pas à vous justifier. Il s'agit d'une affaire strictement privée. »

J'apprécie sa discrétion, mais en même temps je me sens frustrée. J'aurais voulu lui expliquer...

Je me demande ce qu'ils savent, ici, de ma mère.

« Je voudrais vous poser une question, réussis-je enfin à articuler. Ma... ma mère fait mystère de son passé ou... ?

— Pas du tout, répond-elle. Mais ce n'est pas un problème, croyez-moi.

— Ma mère en parle donc avec les autres ?

— Parfois.

— Et... »

Je déglutis à nouveau.

« ... comment réagissent-ils ? »

Elle sourit tendrement.

« Beaucoup, comme votre mère, du reste, ont des

problèmes de mémoire. Une heure après, ils ont déjà oublié.

— Je voudrais savoir autre chose. »

J'ai le cœur qui bat vivement dans ma poitrine.

« Je vous en prie. J'ai tout mon temps.

— Comment s'exprime ma mère quand elle parle de ses enfants ? »

Fräulein Inge répond d'un ton neutre.

« À son arrivée ici, elle a déclaré que ses enfants l'avaient abandonnée, puis, quelques jours après, elle a changé de version et prétendu qu'ils étaient morts tous les deux. Et elle en est restée là jusqu'à aujourd'hui. »

J'entrevois lâchement une lueur d'espoir.

« Ce n'est pas dangereux pour sa santé mentale de me voir surgir pour ainsi dire du néant ? Ça ne pourrait pas lui faire un choc ? »

La bouche de Fräulein Inge esquisse un léger sourire.

« Vous n'avez pas pris contact avec le médecin traitant de votre mère ? s'enquiert-elle discrètement.

Je ne peux le nier.

« Si, je l'ai fait. Et il a dit que... qu'il n'y avait pas de contre-indications.

— Bien, répond-elle en me posant une main sur l'épaule, s'il n'y a pas de contre-indications pour lui, il n'y en a pas non plus pour moi. Je vous accompagne.

— Une minute encore », dis-je précipitamment.

La panique me prend à la gorge.

« Il y a autre chose que vous souhaitez savoir ? » s'informe Fräulein Inge.

Son ton diplomatique me désarme ; elle a compris que je cherchais désespérément à gagner du temps.

« Comment va-t-elle ? Je veux dire, physiquement ?

— Votre mère va plutôt bien... Pour quelqu'un de

son âge, bien entendu. Des petits soucis, mais rien de bien grave.

— Et... mentalement ?

— Ça dépend des jours. Mais on la soigne. On cherche à améliorer sa mémoire et à favoriser sa socialisation.

— Elle n'est pas très sociable ?

— Eh bien... votre mère a un caractère un peu difficile.

— En quel sens ? »

Fräulein Inge nous invite à nous placer à côté d'une fenêtre : nous gênons le passage.

« Parfois, elle est enjouée, poursuit-elle ; elle parle et plaisante avec les pensionnaires et le personnel. Elle raconte son passé, souvent les années passées auprès de son amie, Frau Freihorst. Elle parle aussi de la prison et... de temps à autre éprouve le besoin d'évoquer cette époque-là. Et, quand on aborde le sujet, elle devient extraordinairement lucide, même si le jour d'après elle ne se souvient pas d'un seul mot de ce qu'elle a dit. »

Nous faisons une pause. L'air dans le couloir est chaud et un peu suffocant.

« Je peux ouvrir la fenêtre une seconde ? demandé-je d'une voix haletante à la Fräulein.

— Naturellement. Vous ne vous sentez pas bien ?

— C'est seulement la tension... »

Elle ouvre la fenêtre. Une fenêtre massive et très haute du XIXe siècle. Je me penche un moment, les coudes appuyés sur le large rebord.

L'air est humide sans être frais, et le parfum de la végétation trempée me procure un sentiment de soulagement. Un merle se balance sur la branche d'un jeune mélèze, sous le regard d'un moineau aux plumes ébouriffées.

Je reprends courage, me redresse et referme la fenêtre.

« Je suis prête. »

Mais, en fait, je ne me sens pas très en sécurité.

Nous montons à l'étage supérieur, puis débouchons dans un large couloir où il y a pas mal d'animation. Infirmières, médecins, parents en visite, personnel. Le long d'un mur égayé d'estampes en couleurs sont disposés des groupes de fauteuils et de petites tables. Deux dames discutent avec animation, d'autres lisent le journal ou font du tricot ; il y en a même une au téléphone.

Fräulein Inge arrête une collègue et s'enquiert de ma mère. L'autre, une grande jeune fille potelée qui a l'air d'une enfant, ouvre grands les yeux, regarde autour d'elle et s'exclame, d'une voix perplexe :

« Mais je l'ai vue il y a à peine une seconde ! Peut-être est-elle allée aux toilettes ?

— Je vous demande une minute », dit Fräulein Inge, qui jette un coup d'œil dans un cabinet de toilette, puis dans un autre.

C'est à cet instant que je la vois. Dans un couloir latéral.

Je la reconnais moins que je ne « sens » que c'est ma mère. Que cette dame est ma mère.

J'éprouve une sorte de frisson entre les omoplates et un violent coup au cœur.

Comme elle a changé ! Je la fixe de loin. Comme elle a changé !

« Qu'est-ce qu'il y a ? chuchote Eva.

— Je l'ai vue, fais-je, presque aphone.

— Où ça ? »

Je la lui montre d'un mouvement de menton.

« Cette dame assise devant la fenêtre ? »

Sur ce, Fräulein Inge revient.

« Je ne comprends pas, déclare-t-elle désorientée, je ne la vois nulle part... Oh... si, elle est là. »

Et elle m'effleure le bras d'un geste de compréhension. Je bredouille :

« J'ai besoin de reprendre mon souffle.

— Je vous comprends, répond-elle. Rien ne presse. Je comprends ce que vous éprouvez. »

Je n'arrive pas à reprendre haleine et j'ai le front moite. Eva me serre le bras.

« Courage ! Je suis là... »

Je lève les yeux et trouve la force d'affronter à nouveau ma mère.

Elle est assise dans un fauteuil, absorbée, les bras posés sur les accoudoirs, dans une attitude d'abandon qui me fend le cœur. L'abandon d'une personne égarée, perdue dans un vide atone et incolore. Elle se tient immobile, comme si elle craignait que le moindre mouvement ne l'entraîne dans un gouffre noir, sans fond. Je me sens troublée, commotionnée, impuissante.

Par-delà la fenêtre, elle fixe une rangée de platanes, ses yeux sont vides. Elle regarde, mais ne voit pas.

« Allons, approche-toi, va lui parler », m'exhorte affectueusement ma cousine.

Mais je me sens comme paralysée : seul mon cœur bat la chamade et mes jambes sont secouées d'un violent tremblement. J'ai le souffle coupé, les yeux voilés.

Non, non, je ne m'y attendais pas. Je ne m'attendais pas à ce que la seule vue de ma mère me bouleverse à ce point. Réussirai-je jamais à décrire les sensations qui se bousculent en moi à cet instant, et que je ne suis pas en état de dominer ?

J'inspire profondément et cherche à reprendre le contrôle de mes nerfs.

« Allez, vas-y », insiste Eva.

Je fais quelques pas à grand-peine. Puis je serre les

lèvres et me dirige enfin d'un pas décidé vers ma mère. Je m'arrête devant elle, histoire de l'obliger à lever les yeux.

Nous voilà l'une en face de l'autre. Elle est vieille, frêle, incroyablement fragile. Elle ne doit pas peser plus de quarante kilos. Elle qui, vingt-sept ans plus tôt, était encore une femme en pleine santé, robuste et vigoureuse. Je ne parviens pas à réprimer un sentiment d'infinie pitié.

Tout à coup, elle m'observe de ses yeux si bleus. Je ne me souvenais pas qu'ils étaient si bleus. Elle me considère d'un regard vitreux, glacial, absent.

Son visage est décharné et anguleux, la peau grisâtre et diaphane, le nez fin et effilé. Et, bien qu'elle soit assise, son corps ressemble à une coquille vide sur le point de se désagréger. Les épaules sont frêles, la poitrine creusée. Subitement, j'éprouve une angoisse viscérale, biologique, pour cette image de ma sénilité future.

Je me penche légèrement, je veux briser ce vide dans son regard. Je garde les yeux plongés dans les siens, dans les yeux de ma mère.

Quelques instants passent.

Finalement, au fond de ces pupilles, quelque chose se réveille : une imperceptible lueur, un éclat incertain.

« Je te connais », dit-elle en martelant ses mots d'une voix dont je ne me souviens pas, une voix de vieillard au timbre sec et poreux.

Je sens les battements de mon pouls dans la carotide.

« Tu es ma sœur ? demande-t-elle, s'adressant davantage à elle-même qu'à moi ; mais, aussitôt, elle en rejette l'idée. Non, elle est morte, déclare-t-elle d'un air sombre, avec un geste qui semble vouloir chasser cette idée fâcheuse.

— Je suis ta fille.

— Qui ? »

Et elle penche la tête, tendant l'oreille comme si elle essayait de saisir l'écho d'un son lointain. Puis elle secoue la tête avec autorité et déclare, d'une voix dure :

« Ma fille aussi est morte. »

Ensuite, elle baisse la tête, ses épaules se voûtent, et elle commence à fixer ses doigts avec une attention exagérée, comme si elle ne les avait encore jamais vus.

Elle a les mains longues, blanches, osseuses et séniles. Ces mains m'inspirent une sorte de répugnance. Pendant une fraction de seconde, je me fais honte, mais je n'y peux rien : je ne suis pas prête à les aimer dans leur flétrissement progressif.

« Je suis ta fille, répété-je, détachant à grand-peine le regard de ces mains.

— Non, s'obstine-t-elle. Ma fille est morte depuis longtemps. »

Alors, je relève la tête et martèle, d'une voix ferme :

« Re-gar-de-moi, je-suis-ta-fil-le. »

Et, sans lui laisser une seconde de répit, je sors le nounours de mon sac et le lui mets sous les yeux.

Ce nounours pelé, pathétique vestige de la petite enfance, m'a été donné la veille par Frau Freihorst, l'amie de ma mère.

Petite, rondelette, avec un air grave et comme il faut, de plusieurs années plus jeune que ma mère, elle sentait la cannelle et le savon de Marseille. Elle nous a accueillies, ma cousine et moi, avec une chaleur embarrassante dans sa vieille maison viennoise pleine de bibelots et de napperons faits au crochet.

Elle connaissait Traudi, nous a-t-elle dit – appelant son amie de ce diminutif affectueux –, depuis plus de quarante ans, mais elle ne l'avait jamais jugée pour son passé, parce qu'il ne lui appartenait pas de la juger.

Elle avait suivi avec une angoisse partagée sa lente dégradation mentale, et c'est précisément l'inexorable progression de la maladie qui l'avait poussée à m'écrire.

Elle nous a montré, non sans malice, quantité de photos d'elle et de ma mère prises dans les années où elles fréquentaient encore un groupe d'amis, veufs, divorcés ou même célibataires endurcis, ainsi qu'elle le précisa avec un clin d'œil.

Entre elle et Traudi, c'était une de ces solides amitiés, pas si rares, entre personnes de tempéraments très différents, pour ne pas dire carrément opposés : Frau Freihorst qualifiait ma mère de « terrible » et de « folle à lier », mais elle en avait aimé sincèrement, avant que la vieillesse les éteignît, la vitalité et l'esprit entreprenant.

Leurs itinéraires n'avaient cependant rien de commun : autant l'une avait été fanatique, autant l'autre avait toujours été uniquement une citoyenne fidèle à son devoir, qui avait offert à la guerre de Hitler un mari et deux fils et les avait perdus tous les trois. Pour le reste, elle s'était passivement résignée aux événements qui les avaient emportés, elle et son pays.

« Nous l'avons bien voulu, a-t-elle admis avec une suave franchise. Moi aussi, j'ai voté pour l'annexion de l'Autriche et, quand Hitler a traversé Vienne dans sa Mercedes découverte, je lui ai lancé un petit bouquet de fleurs. »

Elle s'est excusée à maintes reprises de m'avoir écrit. « Mais je l'ai fait par affection », dit-elle. Peut-être s'était-elle mêlée de choses qui ne la regardaient pas, et pourtant...

« Physiquement, Traudi est encore en bonne santé, observa-t-elle, les larmes aux yeux ; pourtant, on ne sait jamais. Au point où elle en est, elle pourrait s'endormir un soir et ne plus jamais se réveiller. Et si vous ne vous étiez pas revues au moins une dernière fois...

— Je vous suis reconnaissante, croyez-moi », me suis-je efforcée de la rassurer de mon ton le plus convaincant.

Ragaillardie, Frau Freihorst a entrepris de me raconter ce qui s'était passé après ma visite de 1971. Ma mère avait commencé à éprouver des sentiments de culpabilité – des sentiments qui, jusque-là, lui étaient totalement inconnus – à l'égard de moi, de mon frère et de notre père. Au début, elle s'en irritait et s'efforçait de les refouler ; puis, petit à petit, comme si une tumeur se développait dans son corps, elle s'était mise à se comporter de façon fort étrange.

« Je veux dire, reprit la femme d'un ton mélancolique, que la manie lui vint de débarrasser son appartement de tout ce qui avait un rapport avec son ex-mari et ses deux enfants. Les photos, les documents, les objets.

— S'en débarrasser comment ?

— Elle les jetait au fur et à mesure dans la boîte à ordures, avec une robe toute neuve.

— Une robe toute neuve ? ai-je demandé, incrédule.

— Oui, cela faisait partie du rite. Avec vos affaires, elle devait jeter des objets qu'elle choisissait exprès. Elle achetait de tout, des souliers et des livres, des pyjamas et des services de table, des habits et des carpettes. Un jour, elle est revenue à la maison avec un énorme cactus d'appartement, qui a fini comme tout le reste. Ah, ensuite il y a eu un appareil photo, de ceux qui font des photos instantanées. Là encore, il a fini à la poubelle, et vous imaginez ce qui pouvait se passer dans le quartier. Le bruit s'est répandu que votre mère jetait une robe neuve, et il s'en est suivi une compétition pénible, à qui réussirait à récupérer dans les ordures les objets les plus intéressants et onéreux. Imaginez un peu : deux vieilles dames se sont disputé le cactus, et l'une d'elles s'est même retrouvée à terre avec une affreuse plaie à la tête. Le trottoir était couvert de sang. Spectacle indigne. L'ambulance est arrivée, et aussitôt une foule de curieux s'est rassemblée. Et tout ça pour un stupide cactus. »

Frau Freihorst ne tint pas compte de ma perplexité.

« Je ne sais pas comment on qualifie, en termes psychiatriques, le comportement de Traudi, mais, d'après moi, c'était un rite funèbre. En somme, pour éliminer ses sentiments de culpabilité, votre mère vous faisait des funérailles symboliques, à vous, à votre frère et à votre père. Qui est mort ne pourra plus jamais demander des comptes, vous comprenez ?

— Aucun de nous n'entendait lui en demander, ai-je objecté.

— Mais elle ne le savait pas. Qui sait quelle tempête devait se déchaîner dans sa pauvre tête...

— Elle a fini par se calmer ?

— Oui, mais elle a dû se faire soigner. C'est moi qui l'accompagnais. Trois fois par semaine, elle devait se présenter au centre de santé mentale de notre quartier. C'est à peu près à cette époque qu'est apparue sa manie de la propreté.

— Qu'est-ce qu'elle faisait ?

— Le ménage du matin au soir. Son appartement, je veux dire. Elle ne cessait de le nettoyer, versant des seaux entiers sur le carrelage, si bien que l'eau finissait parfois par se répandre sur le palier. Elle nettoyait furieusement, et les interventions des assistantes sociales ne servirent à rien.

— Et qu'est-ce que ça voulait dire ? »

Elle haussa les épaules.

« Qui sait... Peut-être voulait-elle laver son passé, se rincer... comment dirais-je ?... effacer les saletés. Cette phase a duré à peu près un an, puis elle s'est arrêtée du jour au lendemain. Suivit une période assez sereine, où il sembla que la Traudi que je connaissais était revenue. Puis elle a commencé à avoir des trous de mémoire... Ça a été d'abord avec la question du sucre.

— Du sucre ?

— Oui. Elle en achetait un jour, puis le lendemain elle en rachetait, et le surlendemain également. Elle pouvait en accumuler jusqu'à dix kilos. Elle faisait la même chose avec le pain. Un jour, j'en ai découvert dans un coffre une quantité énorme : elle devait bien en avoir acheté dix kilos, tous les jours, pendant au moins une semaine. Puis les choses n'ont fait qu'empirer. Souvent, elle sortait de chez elle et se perdait. Elle avait toujours dans son sac à main une feuille où il était écrit de me téléphoner en cas de besoin. Combien de fois ne suis-je pas allée la chercher dans les endroits les plus invraisemblables ? Ainsi, un jour, elle s'est faufilée dans une entreprise de pompes funèbres. Elle avait commandé un cercueil blanc d'enfant avec tout le nécessaire pour les obsèques. Mais, après, elle ne voulait plus entendre parler de s'en aller, et elle est restée là, sur un siège, silencieuse et maussade. Au bout d'un certain temps, ils se sont décidés à appeler la police. C'est alors qu'elle a sorti le bout de papier avec mon numéro de téléphone. Même que cette fois j'ai pris un taxi. »

Et elle ajouta avec indulgence :

« Qu'elle ne m'a jamais remboursé. »

Je suis restée songeuse.

« Mais je préfère me souvenir du temps où les problèmes n'étaient pas encore aussi graves... Souvent, elle me faisait rire. Après les rites funèbres, par exemple, elle s'était mise à parler des enfants et de Stefan, son ex-mari, au passé. Elle disait : "Peut-être est-ce un bien que ma fille soit morte prématurément, je n'aurais pas supporté d'être la mère d'une..." »

Elle s'interrompit avec un petit sourire embarrassé.

« Non, non, je ne peux le dire.

— Allons !

— Elle disait qu'elle n'aurait pas supporté d'être la mère d'une *alte Schachtel*, d'une vieille rombière.

— Ah, vraiment ? » demandai-je, un peu blessée.

Elle confirma d'un signe de tête.

« Votre mère a toujours été une femme plutôt... vaniteuse. Elle ne voulait pas vieillir. »

Ma mère fixe le nounours avec un mélange de stupeur et d'incrédulité.

Puis elle déclare lentement, d'un ton pleurnichard :

« C'est Zakopane. Vous avez dû le voler. Il appartenait à ma fille... Où l'avez-vous pris ?

— Je ne l'ai pas volé. Il est à moi.

— Il appartenait à ma fille ! proteste-t-elle avec véhémence.

— Je suis ta fille. »

Elle secoue la tête et, quelques instants, se cache la figure entre les mains. Aux soubresauts de son corps, je présume qu'elle pleure, mais ce n'est pas cela. Se découvrant le visage, elle murmure, d'un air grave, parfaitement consciente :

« Il s'appelle Zakopane, parce que Stefan et moi l'avons acheté à Zakopane en Pologne. Nous sommes allés reprendre... »

Mais déjà elle est en difficulté.

« Nous sommes allés prendre deux personnes...

— Ce sont vos enfants que vous êtes allés reprendre. Vos enfants, Helga et Peter », ajouté-je pour l'aider.

Berlin, juillet 1941. Deuxième année de guerre

Mes grands-parents géraient une ferme en Pologne, par chance en qualité d'« Autrichiens annexés ». Les nazis considéraient les Polonais comme une race inférieure, au point d'en interdire l'enterrement en terre consacrée. Ils redoutaient cependant la peu commode intelligentsia locale et avaient décidé de l'exterminer : un ami cher de mes grands-parents, par exemple, un homme politique plutôt à gauche, fut assassiné devant l'hôtel de ville de Breslau.

Un jour, ma grand-mère débarqua inopinément à Berlin pour nous rendre visite et découvrit alors que mon petit frère et moi avions été confiés à la garde d'une inconnue. La femme lui expliqua que « la madame », c'est-à-dire ma mère, était toujours très occupée par ses engagements politiques et que, pour cette raison, on lui demandait souvent de s'occuper des deux « angelots ». Ce n'était assurément pas la première fois que nous étions laissés aux soins de mains étrangères, et ma grand-mère, qui le savait déjà, sortit de ses gonds : elle paya sur-le-champ la garde d'enfants et la congédia sans autre forme de procès.

Tout l'après-midi, elle attendit, en vain, le retour de ma mère. Vers onze heures du soir, il y eut une attaque aérienne. Nous descendîmes tous au refuge, hébétés par le bruit.

À l'aube, ma mère n'était toujours pas rentrée. Vers neuf heures, grand-mère nous prépara le petit déjeuner ; elle avait apporté de Pologne un peu de provisions, parce que chez nous le garde-manger était presque vide. Comme c'était du lait en poudre, je protestai : j'en avais horreur. Je me souviens vaguement que grand-mère essaya de m'expliquer : la guerre, dit-elle, imposait certaines restrictions... Plus que ses propos, que je compris jusqu'à un certain point, c'est son ton apaisé et dédramatisant qui me rassura. À l'époque, tout en détestant du fond du cœur le Führer du IIIe Reich, grand-mère était encore plutôt optimiste sur l'issue de la guerre et n'imaginait certainement pas le sort catastrophique qui allait s'abattre sur nous.

Après le petit déjeuner, elle voulut nous distraire en nous lisant un livre de fables ; on se rendit dans le bureau de mon père, qui en ce temps-là était déjà sur le front, pour en chercher un. Il n'y en avait pas ; en revanche, au centre de la pièce, trônait un carton encombrant plein d'exemplaires de *Mein Kampf*. Peut-être ma mère avait-elle pour tâche de le distribuer : à cette époque, il était diffusé systématiquement dans la population allemande et les jeunes mariés le recevaient en guise de cadeau de noces.

Grand-mère prit un des volumes et, le retournant dans ses robustes mains de paysanne, déclara avec un souverain mépris : « Pff ! » Un jugement qui, exprimé en public, lui aurait valu au moins une accusation de défaitisme.

Lorsque ma mère finit par rentrer, grand-mère la reçut, blanche de colère, les poings levés. Ce fut une scène épouvantable, à faire trembler les murs. Ma mère en sortit comme paralysée : pour la énième fois, elle s'était laissé prendre en défaut par cette belle-mère qui, dès le jour de ses fiançailles avec mon père, ne lui avait jamais caché son aversion. Ses justifications n'avaient servi à rien ; elle avait vainement tenté d'expliquer que, étant membre de la SS, elle devait accourir sitôt que le Reichsführer l'appelait.

Grand-mère, qui avait déjà préparé le nécessaire, nous emmena avec elle en Pologne.

Du coup, ma mère se met à me fixer d'un regard prudent, circonspect. Je lui souris, mais elle reste grave. Elle met même le bras autour de sa poitrine, comme en un geste de peur instinctive. Un frisson lui parcourt les membres, puis les muscles du visage se tendent et ses lèvres se plissent en une série de grimaces.

« Qui êtes-vous ? demande-t-elle enfin d'une voix sourde, inquiète.

— Je suis ta fille », répété-je d'un ton paisible.

D'un geste étonnamment agile, elle m'arrache le nounours des mains et l'approche de son visage.

« Nous l'avons acheté à Zakopane, murmure-t-elle après un effort lent et laborieux pour se souvenir, avec une... avec autre chose. »

Elle n'y arrive pas.

« Un écureuil en peluche pour Peter », dis-je pour lui venir en aide.

Elle acquiesce comme dans un rêve.

« Oui, un écureuil. Nous sommes allés récupérer les enfants. C'est ma belle-mère qui les avait emmenés avec elle, vous comprenez ? Elle a télégraphié à Stefan, cette harpie, et Stefan a dû demander la permission à laquelle il avait droit pour Noël et nous sommes allés récupérer les enfants. Stefan était fou de rage, mais c'était entièrement la faute de sa mère. Elle me haïssait et je... je le lui rendais bien. Et puis... »

Elle jette un dernier regard au nounours et le glisse dans une poche de sa robe de laine, dont la couleur rappelle l'uniforme des militaires.

« Peter est mort », reprend-elle en me regardant de travers.

Je décide, pour l'instant, de ne pas la contredire. Je lui demande plutôt, d'un ton presque contrit :

« Vraiment, tu ne te souviens pas de moi ? »

Elle secoue la tête, obstinée, irritée. Mais un léger sourire commence à effleurer ses lèvres.

« Tu es Helga ? »

Je hoche la tête, émue.

J'aurais voulu pouvoir répondre : « Oui, maman », mais il eût été inutile ne serait-ce que d'essayer. Je n'en ai pas l'habitude. Je lui ai dit « maman » pour la dernière fois quand j'avais quatre ans, et depuis lors je n'ai plus jamais prononcé ce mot, *Mutti*. Ma belle-mère voulait à tout prix que je l'appelle ainsi. Elle hurlait : « Maintenant, c'est moi ta mère et tu dois m'appeler Mutti ! » C'était plus fort que moi : j'avais beau me forcer, je n'arrivais pas à articuler ce mot. Et elle me punissait. Elle m'envoyait au lit sans dîner : « Tu mangeras quand tu m'auras appelée Mutti. » Ou elle m'enfermait toute la journée dans le noir dans le bureau de mon père. Ou elle me donnait des coups de bâton. Elle s'efforça par tous les moyens, mais elle ne réussit jamais à me faire dire Mutti. J'étais têtue, moi aussi, et je ne voulais pas d'elle. Je ne voulais pas de ma marâtre. Je voulais grand-mère, qui s'était occupée de moi et de Peter après le départ de notre mère. Je refusais ma marâtre, qui dès le premier instant n'avait aimé que le petit Peter, inconscient avec ses bouclettes, et qui n'en avait jamais fait mystère. Jamais elle ne consentit à me donner d'amour, même dans les moments les plus difficiles, même lorsque la situation à Berlin devint insupportable et que nous fûmes contraints de vivre des mois durant cloîtrés dans une cave avec tous les autres locataires de l'immeuble, sans eau potable, sans lumière, sans toilettes et avec une nourriture rationnée et de très mauvaise qualité.

Un matin, au fond de notre enfer, on se retrouva tous couverts de boutons rouges. Les paillasses étaient infestées de punaises. Même dans cette situation, ma marâtre continua de me repousser et de me tourmenter. Ainsi fit-elle tout pour m'empêcher d'utiliser la précieuse pommade qui soulageait les terribles démangeaisons : elle disait qu'il en fallait pour toute la communauté de la cave. Au contraire de tous les autres, je continuai donc de me gratter furieusement.

Son père, donc mon grand-père, que j'appelais *Opa*, bon papa, s'en aperçut. Il s'en aperçut et se mit dans une colère noire ; il l'accabla de reproches et, pour la première fois, employa avec elle des mots extrêmement durs, la traitant de « perfide » et de « méprisable ». Ma marâtre ne put faire autrement que de me soigner. Je fus de toute façon la dernière à arrêter de me gratter. J'avais couru un risque grave et Opa s'en était rendu compte : dans une situation comme la nôtre, sans médicaments et dans des conditions hygiéniques désastreuses, ces plaies auraient pu s'infecter et même avoir des conséquences mortelles.

« Helga aussi est morte », dit ma mère, mais d'une voix maintenant moins assurée.

Elle me regarde.

« Tu-es-Helga ?

— Oui, fais-je pour la troisième fois. Je suis Helga, ta fille. »

Et de nouveau je voudrais ajouter « maman », mais je n'y arrive pas.

La seule personne à laquelle j'aie jamais donné ce nom dans ma vie, c'est Frau Heinze, la directrice du collège d'Eden, où ma marâtre m'avait enfermée en pleine guerre sous prétexte que j'avais mauvais caractère et que je me rebellais. J'avais consenti à l'appeler « maman Heinze », et je le faisais avec enthousiasme parce qu'elle était bonne avec nous, quoique sévère. Le soir, elle nous chantait la berceuse de Brahms :

Guten Abend, gute Nacht,
mit Röslein bedacht,
mit Näglein besteckt,
schlüpf' unter die Deck'...

Tout à coup, ma mère se penche vers moi et écarquille les yeux. Je sens l'odeur de la vieillesse. Ses cheveux respirent la pomme, sans doute le shampoing. Elle finit par m'effleurer lentement une joue, tandis que sa bouche émet des sons étranges, comme si elle comptait ou répétait une leçon sur le bout des lèvres.

« Helga ! » crie-t-elle soudain.

Ça a jailli de l'intérieur.

« C'est Helga ! Ma fille est arrivée ! C'est bien elle, regardez ! » annonce-t-elle avec fougue.

Elle se tend, s'agite, gesticule en tous sens comme une marionnette détraquée.

« Venez ! »

La voilà qui hurle de manière indécente ; bon nombre de curieux s'approchent discrètement de nous.

Elle me montre du doigt, sanglote et rit, étourdie et confuse, et les curieux sourient, mi-amusés, mi-émus.

Du coup, cependant, elle se tait, appuie sa tête sur son avant-bras et fond en larmes. Tout son buste en est secoué. Elle pleure avec l'abandon impudent et oublieux d'une enfant. Sur les visages de ceux qui nous observent se lisent la perplexité et l'embarras. Je cherche à la distraire.

« Tu te souviens d'Eva ? »

Ma mère relève la tête et s'arrête instantanément de pleurer, comme si quelqu'un avait actionné un interrupteur.

« Eva ?

— Ma cousine.

— Ta cousine ? »

Sa mimique trahit une profonde incrédulité.

« En personne. Eva, de Berlin. »

Ma mère braque les yeux sur elle. Il n'y a pas la moindre trace de bienveillance dans son regard.

« C'étaient des gens très riches, dit-elle, un soupçon d'antipathie dans la voix, et, presque respectueusement, elle ajoute, cette fois avec beaucoup de considération : Lui était au parti. »

Elle réfléchit, puis foudroie Eva par une question :

« C'est vrai que ton père était au parti et appartenait à la SA dès l'époque de l'association Stahlhelm ? »

Eva est déconcertée. Jamais elle ne se serait attendue à une attaque aussi frontale. Elle répond pourtant, avec une admirable présence d'esprit :

« Non, mon père n'a jamais fait partie des SA.

— Mais il était au parti ! » insiste ma mère.

Eva acquiesce d'un imperceptible signe de tête.

« Et il avait une entreprise en association avec un Juif ! proclame ma mère, triomphante. Comment s'appelait-il, ce Juif ? »

Le tour que prend la conversation me déplaît ; je tente une diversion.

« Tu te souviens de la mère d'Eva ? Tu sais qu'Eva a une photo où tu es toi aussi, avec un magnifique chapeau, dans le jardin de leur villa ?

— À côté de Margarete ? interroge-t-elle d'un air renfrogné.

— Oui.

— Margarete n'a jamais eu beaucoup de sympathie pour moi, ajoute-t-elle avec rancœur. Mais c'est bien connu... à l'époque on se méfiait des militants du parti. »

Elle pense à elle-même, c'est évident, mais elle décide de ne pas s'écarter du sujet et demande :

« Peu importe ! Comment va-t-elle ? Elle doit être très vieille maintenant. »

Eva se tait, accablée. Au demeurant, comment pourrait-elle répondre ? Raconter que dans l'immédiat après-guerre, à Berlin, sa mère avait été violée sous ses yeux par quatre Russes ? Qu'elle en avait gardé un traumatisme irrémédiable et que, peu après, elle s'était donné la mort en avalant quarante comprimés de véronal ?

« Alors, insiste ma mère, comment se porte la vieille Margarete ? Des rides et un dentier ? »

Elle ricane cruellement, et j'éprouve un sentiment de dégoût.

« Et, après les lois de Nuremberg, ton père l'a caché grâce à l'entreprise, n'est-ce pas ? »

Eva est toute pâle.

« À l'époque, je n'étais pas encore née », parvient-elle cependant à expliquer.

J'admire son self-control.

« Mais il l'a caché, ce Silberberg, oui ou non ? Ton père a dû t'en parler à un moment ou à un autre. Il était un fidèle membre du parti, ne l'oublie jamais, ma chère. »

Elle s'agite, veut aller au fond de la question. Elle m'exaspère. Les mains me démangent, et c'est alors que je me souviens que, dans la gauche, je tiens encore ces maudites fleurs. Je les lui offre.

Elle semble exulter de joie : elle laisse échapper une série de petits cris mêlés de sanglots et montre le bouquet aux curieux qui, entre-temps, sont devenus fort nombreux. J'ai l'impression d'être sur les planches, protagoniste involontaire d'un mélodrame médiocre. Cette scène me paraît vulgaire et ridicule. Tout est tellement différent de ce que j'avais imaginé. Je voudrais être ailleurs, je voudrais n'être jamais venue ici. Cette femme, ma mère, ne mérite pas les efforts que j'ai faits ni mes bonnes intentions.

Je la regarde : la voici qui sort des fleurs du bouquet et les jette aux curieux, sénile et pathétique, cruelle et romantique. Tels étaient les membres de l'ordre noir de Himmler : des femmes comme elle, des SS en jupon.

J'ai l'estomac noué tant je suis mal à l'aise. L'air est suffocant, j'ai besoin d'oxygène.

Fräulein Inge a dû lire dans mes pensées : elle va ouvrir la fenêtre. Mais, tout à coup, ma mère se tourne, fixe Eva et crie, rayonnante :

« Voilà où je l'ai revu, ce Silberberg ! Au camp ! À l'arrivée, il avait osé me faire appeler à l'*Aufnahmebaracke*, tu comprends ? »

Elle regarde autour d'elle comme si elle attendait des applaudissements.

« Il m'avait fait appeler parce qu'une fois nous nous étions croisés dans votre villa (sur ce, elle lance à Eva un coup d'œil accusateur), imaginant que, de ce fait, je réserverais à sa fille un traitement de faveur, peut-être même que je lui épargnerais la mort-aux-rats ! »

Elle ricane de sa voix stridente en jetant des œillades aux badauds.

Je connais l'histoire.

Silberberg a été déporté à Birkenau avec ses parents âgés, sa femme, gravement malade, et leurs trois enfants de cinq, six et treize ans. L'aînée, Edith, fut envoyée aux travaux forcés dans une usine non loin du Lager. Elle a survécu à Auschwitz et, en 1968, Eva et elle ont eu des retrouvailles touchantes à Berlin. Après la guerre, elle avait épousé un chef d'orchestre, qui veillait tendrement sur ses nuits tourmentées par les cauchemars. Le fantôme de Birkenau ne la quittait pas. Longtemps, elle n'est pas parvenue à avaler quoi que ce soit et elle a souffert de graves crises de panique. Des années durant, avant de retrouver un peu de sérénité, elle a dû suivre une psychothérapie.

Son père, une fois à Birkenau, avait été expédié dans l'un de ces redoutables camps extérieurs et y était mort. Le plus souvent, on y travaillait sous terre, ils devaient percer des galeries dans des parois rocheuses. Les vêtements et les vivres étaient médiocres et insuffisants, les conditions hygiéniques catastrophiques, le risque de typhus extrêmement grand, le choléra et la fièvre pétéchiale emportaient les victimes en quelques mois. Les parents de Silberberg, sa femme malade et leurs deux derniers finirent aussitôt dans la chambre à gaz.

Je suis déjà épuisée et jette un regard contrit à Fräulein Inge, qui, immédiatement, prend les choses en main. Elle commence par inviter les curieux à s'éloigner, puis elle essaie de surprendre ma mère par une brutale diversion.

« Pourquoi ne me le montrez-vous pas ? interroge-t-elle en indiquant le nounours qui sort de sa poche.

— Non, il est à moi ! proteste ma mère avec une obstination puérile.

— Juste un instant, insiste l'autre dans un sourire.

— Je ne veux pas », répète-t-elle d'un ton rageur.

Et, du coup, elle change de tactique. Elle se retourne vers moi avec une expression douce et désarmante, elle cherche à m'amadouer.

« Je peux le garder, hein ? demande-t-elle en désignant le nounours. Non, je ne veux pas, je ne veux pas qu'elle l'ait. »

Fräulein Inge fait mine de vouloir le lui sortir de la

poche, mais, avec une agilité qui m'étonne, elle lui attrape le bras.

« Ah, ah, elle n'arrive toujours pas à me tromper, je ne suis pas encore décrépite ! »

Dans le remue-ménage, cependant, le nounours se retrouve par terre. Ma mère le regarde d'un air inquiet.

« Que quelqu'un le ramasse, je le veux ! Il est à moi, je ne veux le donner à personne. »

Eva se penche et le lui tend. Ma mère en profite pour l'apostropher :

« Tu es donc Eva, la fille de Ludwig et Margarete ? »

Elle la dévisage avec insolence.

« Oui, admet-elle. Petite, tu as dû être très belle, mais maintenant tu es vieille. »

Je sens l'irritation monter en moi ; je voudrais intervenir, mais je n'y parviens pas.

« Ta mère aussi était très belle, poursuit-elle, semblant avoir tout d'un coup recouvré la mémoire, mais elle était vaniteuse. Elle s'est fait réduire les seins ; seulement, à l'époque, les médecins n'étaient pas encore experts dans ce genre de chose. Le chirurgien était un crétin, il lui en est resté d'horribles cicatrices. Après l'intervention, ça a suppuré de partout. »

Elle ricane.

« Je n'en avais certainement pas besoin, et puis... j'ai toujours eu une peur bleue des hôpitaux. »

Elle penche la tête, se passe la langue sur ses lèvres violettes. Elle change de sujet :

« Qu'est devenue votre villa ?

— Elle a été bombardée, répond Eva.

— Ah oui, je m'en souviens : ton père a fait bâtir sur votre propriété un bunker Speer. »

C'était vrai, et, grâce à ce bunker Speer, Eva, sa

mère, deux domestiques et Berny, la chatte, avaient eu la vie sauve.

Il s'agissait d'une construction petite et adéquate, conçue pour protéger ses occupants de l'impact des bombes. Le projet était d'Albert Speer lui-même, architecte du Führer, puis ministre des Armements et de l'Industrie de guerre du Reich. Naturellement, ça coûtait une fortune, et seuls les plus aisés pouvaient se le permettre.

Ma mère, qui le sait parfaitement, raille :

« Si ton père n'avait pas été riche, aujourd'hui tu ne serais pas ici. »

Et elle flanque une tape sur l'épaule d'Eva.

Soudain, elle fronce les sourcils.

« Ce traître de Speer..., lâche-t-elle avec rancœur. Ils devaient le pendre, au lieu de quoi il s'en est tiré avec une peine de prison. »

Elle s'assombrit toujours plus, comme si l'affaire était encore dans l'actualité.

« Il voulait asphyxier le Führer et tous les occupants du bunker avec lui », s'acharne-t-elle.

Et elle glisse dans le passé sans s'en rendre compte.

C'est exact. Speer méditait de tuer Hitler en injectant un gaz mortel par les conduits d'aération. Et chaque fois que j'entends cette histoire j'ai le frisson, car au début du mois de décembre 1944, grâce aux bons offices de tante Hilde, la sœur de ma marâtre qui travaillait au ministère de la Propagande, mon frère et moi avons passé quelques jours dans ce bunker en qualité d'« hôtes spéciaux du Führer ».

Quelques instants après, ma mère change brusquement de sujet. Elle transperce la malheureuse Eva du regard et revient à un sujet qui, visiblement, l'obsède :

« Quel âge as-tu, ma chérie ? »

Et, lorsqu'elle entend la réponse :

« Déjà si vieille ? » s'exclame-t-elle sans cacher son dégoût.

C'est trop.

« Eva et moi avons exactement le même âge, tu sais », rétorqué-je avec une certaine âpreté.

Elle me considère avec dépit et se rembrunit :

« Ce n'est pas possible. Je ne veux pas. Je ne peux pas avoir une fille aussi vieille. »

Elle promène le regard sur son propre corps.

« Je suis encore belle, moi, et je ne suis pas du tout décrépite. Comment puis-je avoir une fille qui ressemble à une vieille rombière ? »

Fräulein Inge la reprend :

« Il ne faut pas être désobligeante avec ses visiteuses.

— Je n'ai fait que dire la vérité, réplique-t-elle, offensée. J'ai dit uniquement ce que je pense. C'est interdit, peut-être ? »

Elle jette les fleurs à terre.

« Et je n'en veux pas, de ces fleurs ! Je ne suis pas encore morte et je ne veux pas de ces fleurs. Ce ne sont même pas celles que je préfère. Je n'aime que les roses jaunes. »

Elle se tait d'un air revêche, le nounours serré dans la main. Et, de but en blanc, elle me lance :

« Ma robe te plaît ? »

Prise au dépourvu, j'acquiesce mécaniquement.

« Et la couleur ?

— Oui, dis-je en mentant.

— C'est la même couleur que mon uniforme », déclare-t-elle.

Puis elle s'approche de moi et chuchote :

« Je l'ai réclamé aux camarades, tu sais où, non ? »

Elle me fixe d'un air complice.

Je réponds d'un signe de tête qu'on peut qualifier de neutre. L'uniforme SS de ma mère, je l'avais vu chez elle, en 1971. Elle l'avait sorti de son armoire avec un mélange de nostalgie et de solennité, et m'avait demandé de l'essayer. Je m'y étais refusée.

« Tous mes habits sont de cette couleur, poursuit-elle d'un ton frivole. Celui-ci est le plus beau. »

Entre-temps, Fräulein Inge a ramassé les fleurs et les a arrangées dans un vase.

« Maintenant, dit-elle, il vaudrait mieux que vous alliez dans le petit salon des visiteurs. Vous pourrez y parler en paix. »

Ma mère proteste :

« Non, je ne veux pas y aller. C'est une pièce laide, laide et froide.

— Elle n'est pas du tout laide et froide, rétorque Fräulein Inge, et par-dessus le marché vous y allez toujours avec votre amie.

— Je n'ai pas d'amie, moi !

— Frau Freihorst n'est peut-être pas votre amie ?

— Elle n'est rien, fait ma mère avec un geste de mépris.

— On ne traite pas ainsi ses amis fidèles, la reprend Fräulein Inge.

— Zut ! Moi, je ne veux pas y aller, dans cette salle, parce qu'un jour je me suis sentie mal, j'ai eu un infarctus. »

La Fräulein sourit avec indulgence.

« Grâce au ciel, elle n'a jamais eu d'infarctus.

— Si, justement. Et j'ai failli mourir. »

Je lance un regard perplexe à Fräulein Inge, qui m'explique :

« Elle s'était simplement gavée de glace et elle a eu une congestion.

— Ce n'est pas vrai ! crie ma mère, outragée.

— Vous ne devez pas raconter de mensonges, réplique la Fräulein d'un ton sec. Et puis maintenant assez de caprices. Je vous accompagne. »

Et, saisissant ma mère par le poignet, elle nous invite, Eva et moi, à la suivre.

À peine entrée, ma mère s'arrête comme une bourrique et me regarde de travers :

« Où l'as-tu pris, le nounours ? »

Quand Frau Freihorst avait ouvert l'appartement de ma mère, j'avais eu le cœur serré. J'en étais sortie vingt-sept ans plus tôt, convaincue que je n'y remettrais plus les pieds, et voici qu'au contraire j'en franchissais à nouveau le seuil.

Nous sommes entrées dans le couloir, puis dans le séjour.

Voici la table à laquelle s'était assis mon fils, alors âgé de cinq ans, avec les pastels et un album de coloriage que ma mère lui avait apportés, en même temps qu'un verre de lait et un tas de biscuits au chocolat disposés sur un grand plateau aux bords décorés.

Les mêmes meubles qu'à l'époque et, sur les fauteuils blancs, des tissus qui me donnaient une impression de froid. Je regardais autour de moi avec un mélange d'effroi et de répulsion, et pourtant cet endroit avait quelque chose d'obscurément familier. Du coup, j'ai eu la sensation de manquer d'air. Frau Freihorst s'est précipitée pour ouvrir la fenêtre. J'ai respiré profondément et me suis attardée à contempler la cour en dessous.

Une auguste cour viennoise, nue et dépouillée, où se détachaient, entre des murs pleins de fissures, de vieilles fenêtres du XIXe aux appuis ornés de vases de *semper virens* à deux sous.

Un vieux aux cheveux longs et blancs, assis sur un

palier de brique sous lequel se trouvaient les compteurs à gaz, était en train de manger un sandwich enveloppé d'une feuille de journal et de temps à autre jetait ses miettes à un essaim de moineaux.

« Tout va bien ? s'enquit Eva à côté de moi.

— Je suis un peu troublée.

— Vous désirez jeter un coup d'œil à la chambre à coucher ? » a demandé Frau Freihorst dans mon dos.

Je fis signe que oui.

À peine entrée, j'ai été submergée par une atmosphère de solitude glaciale, comme transie de froid. J'avais le sentiment de violer une propriété privée. Et, de fait, c'en était une : ma mère n'a jamais rien su de cette intrusion.

Dans la chambre régnait un ordre maniaque, un ordre méticuleux et stérile qui sent le définitif, l'irrévocable. La maîtresse de céans s'en était allée, la poussière pouvait régner, souveraine.

Avec un mélange de curiosité et de gêne, j'ai regardé à l'intérieur. Les meubles de ma mère, ses objets. L'armoire dans laquelle elle conservait son uniforme SS. Et encore une commode avec trois grands tiroirs, une petite table de toilette en marqueterie, un vaste lit avec un couvre-lit de chenille d'une blancheur éclatante et des rideaux longs de beau tissu aux deux fenêtres. Dans une bibliothèque de noyer, beaucoup de livres, dont certains titres excellents.

Frau Freihorst raconta que ma mère était une lectrice assidue.

« Elle lisait même à... »

Elle s'interrompit, rougissant légèrement.

Je l'encourageai d'un sourire un peu forcé.

« Elle lisait même à Birkenau », lâcha-t-elle alors avec la gêne de qui se risque à une affirmation un tantinet paradoxale.

Et on ne peut pas dire que lire à Birkenau ne fût pas un paradoxe.

Je n'ai pas voulu approfondir la passion littéraire de ma mère. Je tournai le dos à la bibliothèque, et mes yeux tombèrent sur un tableau : un coucher de soleil sur un lac. Il me parut de bonne facture. Frau Freihorst expliqua, presque sur le ton d'un guide qui accompagne les visiteurs dans un musée :

« Il y a très longtemps, votre mère investissait dans l'art figuratif. Elle avait une dizaine de tableaux d'une certaine valeur, mais un jour des cambrioleurs ont fait place nette. C'est la seule œuvre qu'elle ait acquise par la suite : l'intensité de la lumière lui semblait irrésistible. Elle l'acheta et la fit aussi assurer, parce que c'est un peintre assez coté.

— Elle n'avait donc pas de problèmes financiers », marmonnai-je sans réfléchir.

Frau Freihorst hésita un instant, puis dit :

« Il me paraît juste que vous en soyez informée : du jour où elle est sortie de prison, quelqu'un a effectué des versements réguliers sur le compte de votre mère.

— Vous savez de qui il s'agit ? »

Elle hocha la tête.

« Non, je ne l'ai jamais su ; entre moi et Traudi, c'était l'unique tabou. Mais si vous souhaitez avoir des renseignements sur la situation financière de votre mère, je peux vous indiquer une personne qui...

— Non, l'interrompis-je, ça ne m'intéresse pas, Frau Freihorst, croyez-moi. »

Elle baissa la tête :

« Mais tout ce qu'elle possède...

— Non, répétai-je, cela suffit, je vous en prie. »

Elle acquiesça, résignée.

« Bien, conclut-elle en ouvrant les bras, je me retire, je vous laisse seule un instant. »

Et elle sortit retrouver Eva, restée dans le séjour.

C'est là que ma mère avait dormi pendant des années et des années. Sans jamais se soucier de moi. À cette pensée, un doute s'est insinué dans mon esprit : n'avais-je pas manqué moi aussi à mes devoirs de fille ? Mon devoir n'aurait-il pas été de comprendre, de pardonner ? J'ai réprimé l'étrange tentation de me coucher dans le lit de ma mère. Peut-être lui avais-je pardonné ? À mon grand étonnement, la réponse était : oui. Je lui avais pardonné le mal qu'elle nous avait fait à nous, à son mari, à ses enfants... Quant aux autres fautes dont elle était souillée, le droit de condamner ou de pardonner appartenait exclusivement à ses victimes.

Eva apparut sur le seuil.

« Tu viens ?

— Entre », répondis-je.

Elle avança et, instinctivement, se couvrit la poitrine de ses bras, comme pour se protéger d'un souffle glacial. Puis elle regarda dans la pièce sans cacher son désarroi.

« Au fond, elle est ma tante, dit-elle avec une certaine stupeur.

— Eh oui, elle est ta tante. Je n'y avais jamais songé.

— Je suis curieuse de la voir, déclara-t-elle comme en aparté. Je ne l'ai jamais rencontrée de ma vie. »

J'avais ouvert la fenêtre, et les rideaux se gonflèrent comme des voiles.

« Je me sens si triste. »

Eva me passa un bras autour de la taille.

« Cette chambre me rend triste, moi aussi. Allons, sortons de là. »

Nous sommes sorties. J'avais mis les pieds dans cette chambre pour la dernière fois, je le savais. Ma mère elle-même n'y reviendrait jamais plus.

Dans le séjour nous attendait Frau Freihorst, une amie vraie, dont je doute que ma mère l'ait méritée.

Nous étions sur le point de nous séparer.

« Je peux faire encore quelque chose pour vous ? » offrit-elle.

Je réfléchis.

« J'aurais bien une question, répondis-je prudemment, mais elle est un peu délicate.

— N'ayez donc pas de scrupules.

— Entendu. Alors, je voudrais vous demander si vous avez connaissance de quelqu'un, je veux dire un homme, qui en son temps a pu d'une façon ou d'une autre influencer ma mère dans sa décision d'abandonner sa famille. »

Elle hésita.

« Vraiment, je ne sais pas si je devrais..., commença-t-elle.

— Si vous ne le sentez pas, peu importe », fis-je précipitamment.

Elle se mordait les lèvres. On aurait dit une enfant en difficulté.

« Si vous ne souhaitez pas répondre, ne... »

Elle m'interrompit d'un geste.

« Non, non, je crois pouvoir parler. »

Elle prit sa respiration, comme pour s'élancer.

« Je ne sais pas si la personne en question est celle à laquelle vous pensez, mais il y a un homme avec lequel votre mère n'a jamais perdu contact. C'est un ancien camarade...

— De la... SS ? »

Elle acquiesça.

« Il est encore en vie ?

— Oui, mais pas à Vienne. À Berlin.

— À Berlin ?

— Oui. Et il est plus jeune que votre mère. Classe

1915. En son temps, il a été condamné à six ans de prison par un tribunal allié, mais il n'en a fait que trois. Il ne s'est jamais marié et a vécu avec une sœur qui, pendant la guerre, a perdu son mari et ses deux enfants. »

Elle s'arrêta un instant, les yeux brillants.

« Ils n'ont jamais cessé de s'écrire, poursuivit-elle après quelques instants, et, depuis que votre mère se trouve là-bas... c'est moi qui sers d'intermédiaire. Heinrich... »

Elle sourit, comme prise en faute.

« Il s'appelle Heinrich ?

— Oui. Et, maintenant, c'est à moi qu'il adresse ses lettres pour que je les fasse suivre à votre mère. Pourtant, ces derniers temps, elle tarde beaucoup à répondre et elle n'écrit que lorsque je suis à côté d'elle. Non, elle n'est plus la même... »

Elle essuya une larme.

« Autrefois, il venait parfois à Vienne... Je l'ai connu. Il m'est arrivé de dîner avec eux. Il m'en imposait...

— Que pensait-il de Hitler, après tant d'années ? »

Elle détourna le regard, croisa les doigts.

« Oh, en ma présence, il ne se déboutonnait pas beaucoup.

— Vous me donneriez son adresse ? »

Frau Freihorst eut un instant d'hésitation, puis consentit, fouilla dans un tiroir, trouva un bloc-notes à papier quadrillé, en détacha une feuille et y griffonna un nom et une adresse. Je pris la feuille, la pliai et la glissai dans ma poche sans la regarder.

Les dernières salutations. Mais, tout à coup, elle porta une main à son front.

« J'allais oublier ! » Elle alla récupérer le sac qu'elle avait posé sur un fauteuil et, avec une satisfaction mal dissimulée et une certaine solennité, en sortit un objet.

« Ça vous rappelle quelque chose ? » demanda-t-elle en me donnant un ours en peluche plutôt mal en point, avec une oreille coupée et privé d'un œil.

Je l'ai saisi et regardé fixement, restant sans voix sous l'effet de la surprise. De prime abord, ça ne me disait rien, puis soudain ce fut comme une illumination.

« Je... je n'arrive pas à y croire, balbutiai-je.

— Votre mère l'a emporté le soir où elle vous a abandonnés. Elle ne s'en est jamais séparée, jusqu'à ce qu'elle aille à Ravensbrück, où elle l'a déposé dans un coffre-fort avec des documents, des photos et des certificats...

— Je n'arrive pas y croire, répétai-je, déconcertée.

— Il est à vous, reprit-elle. Il a toujours été à vous. Quand je l'ai dérobé à votre mère, c'était un vrai vol, croyez-moi, je ne savais pas encore pour qui je le sauvais. Mais il ne méritait pas de finir dans la boîte à ordures, au milieu des coquilles d'œuf et des peaux de banane.

— Je ne sais que dire, murmurai-je à grand-peine. Je suis émue... »

Mais il n'y avait plus rien à dire. Il était temps de s'en aller. Je me sentais épuisée, plus éprouvée que je ne m'y attendais. J'ai tendu la main à Frau Freihorst, comme pour trancher les liens subtils qui semblaient vouloir me retenir. Je jetai un dernier coup d'œil autour de moi, et ma gorge se serra. D'instinct, j'embrassai l'amie de ma mère en moins de temps qu'il n'en faut pour le dire.

« Merci. Merci pour tout, du fond du cœur. »

Puis Eva et moi nous en allâmes. Nous avions deviné que Frau Freihorst avait l'intention de s'attarder encore dans l'appartement.

Nous étions sur le point de franchir le seuil quand nous l'entendîmes s'exclamer :

« J'oubliais. Il s'appelle Zakopane !

— Qui ça ? demandai-je.

— Le nounours ! Il s'appelle comme ça parce qu'il a été acheté à Zakopane, en Pologne ! »

Je souris.

« Merci. Maintenant je me souviens que grand-mère m'en avait parlé. »

Eva est sortie la première, je l'ai suivie et tiré la porte derrière moi.

« Où as-tu pris le nounours ? »

Le ton est acide, l'expression menaçante.

« Avec votre permission, intervient Fräulein Inge, je vais m'absenter une petite heure. J'imagine que vous voulez rester un peu seules. »

Le petit salon est accueillant : un poste de télévision, une bibliothèque en jonc pleine de livres, de belles plantes ornementales. Sous l'une des trois grandes fenêtres sont disposés trois fauteuils.

« Viens, assieds-toi, lance ma mère ; mais elle le répète comme un disque rayé : Où as-tu pris ce nounours ? Je veux le savoir ! »

Je m'approche et tends la main.

« Tu veux bien me le rendre, s'il te plaît ?

— Non ! » hurle-t-elle en le pressant contre sa poitrine.

J'essaie de jouer au plus fin. J'ouvre le sac à main et en sors le rouge à lèvres. Elle le regarde, troublée.

« Tu veux faire l'échange ? »

Elle serre les lèvres. Il me semble qu'elle tente de toutes ses forces de se maîtriser, parce qu'elle commence à secouer la tête avec véhémence. Mais, vite, le désir de posséder ce rouge à lèvres l'emporte sur tout le reste.

« J'ai perdu le mien, pleurniche-t-elle, je l'ai perdu il y a longtemps. Il avait un étui doré.

— Problème résolu, dis-je avec un sourire encourageant, je te donne le rouge et toi tu me donnes le nounours.

— N-non », fait-elle d'une voix hésitante.

Mais, comme je fais mine de remettre le rouge dans mon sac, elle me l'arrache des mains et me rend la peluche. Bien, pensé-je, satisfaite, ça aurait pu plus mal tourner.

Le rouge disparaît dans la poche de sa robe, et elle me lance un regard inquiet :

« Tu restes encore un peu ?

— Bien sûr, lancé-je, sous l'effet de la surprise. Tu veux vraiment que je reste ?

— Oui, réplique-t-elle, et sur ses lèvres plane un vague sourire tremblant. Oui, j'y tiens beaucoup.

— On a encore du temps, dis-je, légèrement attendrie, et j'ajoute d'un ton gentil : Assieds-toi à côté de nous, je t'en prie. »

Elle s'installe, lissant soigneusement sa robe sur ses jambes décharnées. L'espace de quelques instants, le silence se fait. Puis j'essaie de rompre la glace :

« Pourquoi ne me racontes-tu pas quelque chose ? Comment te trouves-tu ici ? Tu t'es fait des amis ? »

Elle ne répond pas tout de suite. Elle pousse un long soupir, comme un sanglot rauque, et déclare d'un air sombre :

« Stefan est mort. »

En effet. Mon père est mort depuis longtemps maintenant, mais elle l'a annoncé comme si c'était hier. Un soupçon de tristesse apparaît sur son visage, puis, peu à peu, dans ses yeux se forme un nuage d'humeurs noires et arrogantes :

« C'est mieux comme ça ! s'exclame-t-elle, cynique, hargneuse. Il était méchant. Oui, méchant ! s'enflamme-t-elle. Il ne faisait que me mettre des bâtons dans les roues. Il ne voulait pas que je me mêle de politique, chaque rassemblement était une tragédie. Il ne voulait pas que je fasse carrière dans la politique, tu comprends ? Il tenait à ce que je reste à la maison, pour faire le ménage et la cuisine, pour m'occuper des enfants.

— Ça ne te semblait pas normal de t'occuper de tes enfants ? demandé-je, déconcertée.

— Les camarades aussi avaient des enfants, mais elles n'avaient pas un mari mesquin et jaloux comme le mien. Je ne pouvais pas le supporter. Je ne pouvais pas supporter toute cette jalousie et cette étroitesse d'esprit. Il ne voulait pas comprendre que j'avais des tâches, des tâches précises.

— Qu'est-ce que tu devais faire ?

— Former les auxiliaires. Et on me respectait, moi ! On filait droit avec moi. Parce que, de temps à autre, mon mari ne pouvait pas s'occuper lui-même de sa fille ?

— Tu en avais deux, d'enfants ».

Je m'habitue à réparer ses oublis.

« Deux ? fait-elle d'un air surpris.

— Tu ne te souviens pas de ton fils Peter ?

— Peter ? »

Elle se rembrunit.

« Oh si. Peter. Mais lui aussi est mort. Depuis longtemps. »

Ses yeux si clairs semblent s'embrumer fugitivement. Elle se cache le visage entre les mains.

« Mon fils est mort, je ne le verrai plus, pleurniche-t-elle entre ses doigts.

— Peter est toujours en vie. »

J'ai été imprudente : elle fond en larmes.

« Si c'est pour me raconter des mensonges pareils, pas la peine de venir ! Tu me fais du mal. Tu me fais si mal que je vais devoir réclamer des gouttes. »

Eva me lance un regard perplexe. Je lui fais signe que j'ai compris : c'est bon, je n'insisterai pas. Mais déjà ma mère retire les mains de son visage et se met à arranger ses cheveux. Il n'y a pas à dire : chaque fois, elle parvient à me déconcerter.

« Elle te plaît, la couleur de mes cheveux ? » demande-t-elle d'un air candide.

Je lui fais signe mécaniquement que oui.

« Jeune, j'étais blonde, reprend-elle, mélancolique, mais, ici, il m'est impossible d'aller chez le coiffeur. Tu ne peux pas venir un jour et m'accompagner chez le coiffeur ? »

Troublée, je quête le regard de ma cousine, qui m'adresse un signe imperceptible, me suggérant de jouer le jeu. Je réponds donc par l'affirmative – un mensonge délibéré.

« C'est sûr ? exulte ma mère. Tu me le promets ?

— Juré », dis-je d'une voix un peu trop forte.

Elle regarde autour d'elle, comme si elle cherchait quelque chose.

« Où sont mes fleurs ? interroge-t-elle, impatiente.

— C'est Fräulein Inge qui les a emportées.

— Pourquoi ? proteste-t-elle. Elles sont à moi !

— Tu les avais jetées par terre. »

D'un regard incrédule :

« Vraiment ?

— Oui. »

Elle réfléchit, s'invente une excuse.

« Peut-être parce que ce n'étaient pas des roses jaunes. »

Elle écarte le problème et se remet à parler de mon père.

« Je devais le quitter, se souvient-elle d'une voix terne, je n'avais pas le choix. J'avais tant à faire... Et lui, il me tourmentait, ma belle-mère aussi me tourmentait, ils ne voulaient pas que je m'acquitte de mes devoirs.

— Quels devoirs ?

— Au sein du parti. Et puis j'avais juré, je ne pouvais plus faire marche arrière.

— Tu avais juré ?

— En tant que SS, je devais prêter serment, c'est normal, non ? Je devais jurer obéissance absolue et fidélité jusqu'à la mort.

— Pourquoi avoir juré, alors que tu avais deux enfants à élever ? » me risqué-je à lui demander.

Elle lève brusquement la tête.

« Je voulais prêter serment ! Je voulais être acceptée comme membre de la SS, je le voulais plus que toute autre chose.

— C'était plus important que ta famille ? »

Elle acquiesce d'un signe de tête.

« Oui, mais tu ne peux pas comprendre. Personne ne peut comprendre aujourd'hui... »

C'est vrai. Je suis découragée. Je me sens impuissante.

D'ailleurs, elle n'était que l'une de ces milliers et milliers de femmes qui s'étaient laissé éblouir par la propagande des nazis. Bien entendu, toutes n'avaient pas été poussées à entrer dans l'ordre de Himmler.

Elle s'aperçoit de mon air distrait et me lance :

« Tu es triste ? Je ne veux pas ! Ne sois pas triste ! »

Elle se lève comme pour m'embrasser. J'ai juste le

temps de l'arrêter : je ne le supporterais pas, pas tout de suite.

« Pourquoi ne me parles-tu pas de tes parents ? » suggéré-je.

Elle écarquille les yeux.

« De mes parents ? répète-t-elle, désorientée. Pourquoi devrais-je te parler de mes parents ?

— C'étaient mes grands-parents maternels à moi », dis-je d'une voix ferme et posée.

Le vide s'est fait dans ses yeux.

« Tes grands-parents maternels », murmure-t-elle.

Elle ne trouve pas le fin mot de l'énigme. Pour couper court, elle finit par lancer :

« Tu n'as rien perdu.

— Pourquoi les traites-tu de cette façon ?

— Ils étaient contre moi, grogne-t-elle. Au plébiscite, ils ont voté contre uniquement pour m'embêter.

— Quel plébiscite ?

— Pour l'annexion de l'Autriche ! répond-elle, histoire de me rafraîchir la mémoire. Mes vieux ne voulaient pas. Ils ne voulaient pas des nazis et ils ne voulaient pas du Führer. Ils ont toujours été hostiles à ce que je sois au parti. Ils me jugeaient dégénérée et fanatique. Et au plébiscite ils ont donc voté contre, tu comprends ? Peut-être croyaient-ils que le parti me mettait au ban de la société, mais ce n'était pas le cas. Puis, quand ils ont su pour Ravensbrück, ils m'ont fait savoir qu'ils me reniaient. Renier leur fille, tu te rends compte ?

— Ravensbrück ? »

Tout à coup, elle me considère d'un regard circonspect, avec des airs de vieux renard soupçonneux.

« Peut-être ne sais-tu pas..., esquive-t-elle. Peu importe.

— Je sais que tu es allée à Ravensbrück, dis-je d'un

ton neutre. Pourquoi ne me racontes-tu pas quelque chose ? Ça m'intéresse. »

Elle penche la tête et me lance un coup d'œil malicieux, puis elle bat des paupières et tente d'éluder la question.

« Quand tu étais petite, je t'appelais Mausi, tu le sais ? »

Elle sourit, apparemment attendrie maintenant.

« Tu étais têtue et désobéissante, se souvient-elle, rebelle et intelligente. Et tu aimais sauter à clochepied. »

Je suis déconcertée ; elle me manœuvre à sa guise. Soudain, je me demande : Ai-je vraiment vécu quatre ans aux côtés de ma mère ? De ma mère biologique, de celle qui m'a mise au monde ? D'une vraie mère, même si elle était trop occupée pour jouer son rôle de maman ?

Je préférerais ramener la discussion sur Ravensbrück, mais elle, entêtée, suit sa voie.

« Je veux parler de Berlin, s'obstine-t-elle. Tu sais que nous habitions un bel appartement à Niederschönhausen ? Et, de temps en temps, je te conduisais au jardin, ou dans le potager d'une amie. »

L'espace d'un instant, elle entrouvre les yeux.

« Mais ton père était toujours enragé..., se rappelle-t-elle. Il voulait m'enfermer à la maison comme dans une cage. »

Avec cette agilité imprévue que j'ai maintenant appris à connaître, elle se lève subitement du fauteuil pour s'agenouiller à mes pieds. Elle me contemple de ses yeux noyés de larmes, le menton posé sur mes genoux.

« Ma fille, répète-t-elle deux ou trois fois avec des soupirs appuyés. Tu reviendras demain ? »

Elle me saisit les mains et se met à les embrasser furieusement.

« Ne me laisse plus seule, implore-t-elle, jamais plus ! »

Je suis affreusement gênée. Et, tandis que je m'efforce de la relever, elle semble s'évanouir. Elle ferme les yeux et me retombe sur les genoux comme privée de vie. Avec l'aide d'Eva, je parviens à la rasseoir sur son fauteuil. Je m'apprête à sortir dans le couloir pour appeler quelqu'un quand je l'entends plaisanter dans mon dos :

« Eh bien ? Où vas-tu ? »

Je me retourne : elle arbore un sourire moqueur.

« Je vais très bien, ricane-t-elle. Mais tu as promis de revenir. Et les promesses sont faites pour être tenues. Tu ne manquerais quand même pas à ta promesse ? »

J'acquiesce, confuse, blême.

« Je le sais, que tu es honnête, dit-elle, cherchant à me flatter. Tu es ma fille, et ma fille est une personne honnête. »

Je m'interroge : Comment le sait-elle ? Elle ignore pratiquement tout de moi.

Elle sourit, contente, satisfaite. Elle se lisse les cheveux, se regarde les ongles : blancs, transparents comme de la cellophane, taillés court. Elle continue à m'étonner. Que s'est-il passé ? A-t-elle eu un léger malaise ou voulu jouer avec moi ?

Et, de nouveau, elle m'accable de toute une série de demandes :

« Tu reviens demain ? Et tu m'apporteras de la glace ? Et aussi d'autres fleurs ? »

La perspective de me revoir semble la réjouir, et j'éprouve brièvement un sentiment de culpabilité.

« Je ne sais pas, dis-je, hésitante.

— Tu as promis ! » crie-t-elle.

D'un geste désespéré, elle pointe sur sa tempe le bout de ses doigts.

« Tu as promis ! Tu as promis ! »

C'est à cet instant que ça se produit. Le tournant. Quelque chose au fond de mes entrailles se rebelle, suggère...

« Je reviendrai demain et je t'apporterai d'autres fleurs, à condition que tu me parles de Ravensbrück. »

Un chantage en bonne et due forme. Je capte le regard de désapprobation de ma cousine, mais je n'en tiens pas compte.

« Je veux des roses jaunes, déclare ma mère, autoritaire.

— Tu les auras si tu me parles de Ravensbrück. »

Elle me scrute attentivement.

« Que veux-tu savoir de Ravensbrück ? Il n'y avait rien d'intéressant à Ravensbrück. »

Ses yeux d'un bleu soutenu sont transparents. Candides et transparents.

Vraiment, mère ?

Les expériences sur la régénération des muscles et les greffes osseuses n'étaient peut-être pas intéressantes ?

« À telle détenue, on prélevait régulièrement un bout de muscle de la partie inférieure de la jambe, histoire de vérifier si et comment les tissus se régénéraient progressivement sous le plâtre. À d'autres victimes, on amputait une jambe, un bras ou une omoplate parfaitement saine, et un médecin SS les emballait pour les porter en automobile, à Hohenlychen, au professeur Gebhardt, qui les faisait transplanter par ses médecins, le docteur Stumpfegger et le docteur Schulze, sur des patients de sa clinique. Quant aux cobayes du camp de

Ravensbrück, on les exterminait avec des injections létales[1]. »

« Il me semble que dans beaucoup de camps, y compris celui de Ravensbrück, on pratiquait des expériences sur des cobayes humains, dis-je d'une voix neutre pour ne pas l'irriter. Tu en sais sûrement quelque chose. Ce serait intéressant d'avoir ton opinion à ce sujet. »

Je me rends compte que je ne me conduis pas très bien, mais c'est comme si un démon, en moi, agissait à ma place.

« Comment es-tu au courant ? » demande-t-elle, soupçonneuse.

Je n'ai pas du tout réussi à prendre un ton anodin, je dois faire plus attention.

« Eh bien, c'est écrit dans les livres d'histoire », lancé-je avec nonchalance.

Mais elle ne s'y laisse pas prendre.

« Si ces choses sont du domaine public, pour quelle raison veux-tu que je te les répète ?

— Parce que tu es un témoin, expliqué-je aussitôt et avec une pointe de flatterie, et que les témoignages historiques sont précieux, d'où qu'ils viennent.

— Précieux... »

Elle savoure le mot comme un mets exquis.

« Tu parles sérieusement ?

— Oui », fais-je avec un sourire presque doucereux.

Mais elle esquive.

1. Eugen Kogon, *Der SS-Staat. Das System der deutschen Konzentrationslager*, Munich, Kindler Verlag, 1946. (*N.d.T.* : publiée en 1947, rééditée en 1993, la traduction française de ce volume est trop lacunaire et approximative pour être utilisée ici. Au demeurant, les passages cités par Helga Schneider ont disparu de la version française.)

« Je n'étais qu'un pion insignifiant, déclare-t-elle avec une fausse modestie, comme sollicitant ouvertement mon indulgence.

— Oh non, je n'en crois rien, objecté-je. Je suis convaincue qu'à Ravensbrück on t'a confié des tâches assez délicates, des tâches que seuls pouvaient accomplir les meilleurs, les plus forts et les plus efficaces. Ce n'est pas vrai ? »

Une fraction de seconde, je me demande ce que je suis en train de faire...

Elle a redressé le buste et, à son regard, je devine que mes flatteries ont eu l'effet espéré.

« J'étais chargée d'assister les médecins », s'empresse-t-elle de répondre avec encore un soupçon de réticence.

Je ne lui laisse pas le temps de se raviser :

« Et qu'est-ce qu'ils faisaient, ces médecins ?

— Ils soignaient les détenues, réplique-t-elle vaguement.

— Et quelles étaient tes tâches ? »

Mes yeux ont saisi les siens et ne les lâchent plus.

« Je devais... je devais prendre leur température. »

Elle ment, probablement guidée par un vague instinct, mais je ne lui accorde pas de répit.

« Il y a un instant, tu as dit que tu étais chargée d'assister les médecins », lui rappelé-je avec humeur.

Et aussitôt je me le reproche : j'ai été trop dure, elle va se braquer.

Elle s'est maintenant murée dans un silence obstiné. Elle serre les lèvres et me regarde comme une enfant blessée.

« Alors ? insisté-je, puis je m'efforce d'adoucir le ton : Mis à part de prendre la température des détenues, quelles étaient tes autres tâches en tant qu'assistante ?

— Aucune », rétorque-t-elle d'un air revêche, fâchée.

Du calme, suggère le démon, exerce une petite pression...

« C'est bon... »

Je feins de me résigner.

« Tu ne veux pas parler et je ne reviens pas demain. Je ne reviens pas chez une mère qui n'a rien à me dire.

— Je veux des roses jaunes, marmonne-t-elle d'un ton rageur.

— Pas de roses jaunes. »

Et tandis que je prononce la sentence, une petite voix, du fond de la conscience, me réprimande : « Elle est faible d'esprit, la partie est inégale, ton petit jeu est indigne. »

Mais quelque chose d'obscur me pousse à aller de l'avant, implacablement.

« Je veux que tu reviennes, cède-t-elle. Et je veux des roses jaunes. »

Elle laisse échapper quelques sanglots, vite réprimés. Elle s'essuie les yeux avec un bout de sa robe en étoffe militaire. Et je la harcèle :

« Alors, parle. Que devais-tu faire d'autre comme assistante ? »

Elle déglutit, puis répond, d'une étrange voix de gargouille :

« Je devais attacher les détenues à des planches.

— À quelle fin ? »

« En 1942, le docteur Ernst Grawitz, le médecin qui participa à presque toutes les expériences effectuées par les SS sur des cobayes humains, ordonna d'inoculer à certaines détenues du camp de concentration de Ravensbrück des staphylocoques, des bacilles de gangrène gazeuse, du tétanos et de cultures de divers germes pathogènes afin d'expérimenter l'effet curatif des sulfamides. L'exécution fut confiée au docteur Karl Gebhardt, professeur de chirurgie orthopédique à l'université de Berlin et médecin-chef de la clinique de Hohenlychen, ami et médecin personnel de Himmler. Celui-ci chargea les médecins SS Schiedlausky, Rosenthal, Ernst Fischer et Herta Oberhauser de procéder aux opérations, sans surveiller vraiment leurs travaux.

« Les détenues étaient infectées dans la partie inférieure de la jambe, et on les laissait dans l'ignorance du véritable objectif des interventions auxquelles elles étaient soumises. Comme le montrent les cicatrices des rares survivantes, et comme l'ont confirmé les témoignages, la coupure allait souvent jusqu'à l'os. Dans les plaies des patientes, des fragments de bois et des bris de verre venaient souvent s'ajouter aux cultures bactériennes. Les jambes des cobayes ne tardaient pas à suppurer. Les victimes, auxquelles on n'administrait aucun soin afin d'observer la progression de leur cas, mouraient dans d'atroces douleurs [...]. Pour chaque série d'expériences, répétée au moins six fois, ils utilisaient de six à dix jeunes femmes, choisies uniquement parmi les plus avenantes.

« Le professeur Gebhardt se contentait de faire de temps à autre un saut à Ravensbrück pour vérifier les résultats et examiner les plaies des "patientes" qui, attachées les unes à la suite des autres sur des planches, devaient attendre des heures durant l'arrivée du "Herr Professor".

« En mai 1943, le professeur Gebhardt fit le point dans une communication présentée sous le titre "Expériences spéciales sur l'effet des sulfamides" à l'occasion du troisième congrès des médecins-conseils spécialistes de l'Académie de médecine militaire de Berlin, auquel participaient, entre autres, les chefs du service sanitaire de la Wehrmacht, de l'armée de terre, de l'armée de l'air, de la Santé publique, etc., mais aussi les directeurs de cliniques universitaires et d'instituts d'études et de recherches médicales, le médecin personnel de Hitler, le docteur Karl Brandt, et un grand nombre d'éminents et distingués professeurs du Reich allemand.

« Au cours de son exposé, le professeur Gebhardt ne cacha aucunement que les expériences avaient été effectuées sur des détenues et dit en assumer la responsabilité pleine et entière.

« Aucun des participants ne formula d'objections. »

« Tu n'avais aucune compassion pour ces cobayes humains ? »

Au moment même où je pose la question à ma mère, cependant, je me rends compte de la futilité de ma demande.

Elle hésite une seconde, baisse la tête et regarde fixement ses mains.

Puis elle lève les yeux et déclare, avec une sorte d'arrogance obtuse :

« Non, je n'éprouvais aucune compassion... pour celles-là – elle semble achopper sur ces derniers mots –, parce qu'on œuvrait pour le bien de l'humanité.

— C'est-à-dire ?

— La science ne travaille-t-elle pas toujours pour le bien de l'humanité ? interroge-t-elle avec emphase.

— Ces médecins-là n'étaient que des charlatans, rétorqué-je d'un ton froid et méprisant. Des sadiques. Des pseudo-médecins et des pseudo-chercheurs. »

Elle sursaute, comme sous le coup d'une gifle injustifiée. Elle me fixe maintenant de son regard étonnamment limpide et vitreux. Et elle éclate :

« Idiote ! Quelles bêtises ! Nos médecins étaient

d'excellents professionnels, et les résultats de leurs expériences ont été publiés dans les revues médicales les plus influentes, en Allemagne et à l'étranger ! »

Elle reprend sa respiration. Ses pommettes sont devenues rouges sous l'effet de l'émotion.

« Nos chercheurs étaient invités dans les congrès de médecine les plus prestigieux du monde ! reprend-elle avec fougue. Tu ne sais rien. Rien ! »

Et elle souligne cette affirmation d'un geste des mains péremptoire, un geste d'impatience.

« Et je n'avais aucun droit de ressentir de la compassion, mon seul devoir était d'obéir. Fidélité et obéissance, un point, c'est tout. La fidélité est une grande valeur, sache-le ! »

Elle m'agite à présent sous le nez un doigt pâle et sévère.

Une pause. Elle regarde par la fenêtre, vers la cime des vieux platanes qui se balancent dans le ciel brumeux.

« Ich habe doch eine Härteausbildung erhalten, marmonne-t-elle, comme si elle se parlait à elle-même. J'ai été dressée à la déshumanisation. (Peut-être un effort presque inconscient pour se justifier ?)

— Oui, mère, je le sais, je l'ai lu dans ton dossier. Ils vous formaient pour vous rendre insensibles aux atrocités auxquelles vous deviez assister dans les camps d'extermination : on n'y envoyait que les plus rudes, les plus coriaces. C'est pour cela qu'on t'a détachée à Birkenau, le camp le plus sélectif. »

Encore un silence. J'ai chaud et je suis toujours plus fatiguée ; mais le démon qui est en moi m'incite à aller de l'avant.

« Comment pouvais-tu n'éprouver de la pitié pour personne ? Jamais, pour aucune des détenues de Ravensbrück ? Pas même la plus vieille ou la plus malade ? »

Eva me donne un petit coup de coude. Mais qu'est-ce que tu fabriques ? semble-t-elle vouloir dire. Je n'y prête pas attention. Quelque chose en moi s'acharne.

Questionne, questionne encore. Peut-être ne pourras-tu plus jamais le faire.

« Ce n'est pas amusant de parler avec ma fille ! lâche ma mère en se bouchant les oreilles. Je ne t'écoute plus ! »

Eva saisit l'occasion pour me faire la leçon :

« Tu es en train de la tourmenter, pourquoi ? Tu ne vois pas que c'est inutile ? »

Je ne réponds pas. Ma mère me lance un regard hargneux. Dehors, le temps se gâte. Un vent fort rabat des rafales de pluie contre les carreaux.

Je m'emporte. Peut-être ne s'est-il jamais épanoui chez cette femme un sentiment autre que ceux qui lui ont été inculqués ? L'amour plutôt que la haine, la pitié plutôt que la cruauté ?

Et soudain je l'entends qui dit :

« Une fois... »

Je lui demande de se retirer les doigts des oreilles.

« Une fois, quoi ? fais-je, curieuse.

— Une fois, ça m'a déplu... Un peu.

— De quoi s'agissait-il ?

— Un jour, a été affectée à mon bloc une détenue que je connaissais. Elle avait d'abord été une camarade, puis elle était passée à la résistance, et la Gestapo l'avait envoyée dans le camp. À peine m'a-t-elle vue qu'elle m'a craché au visage. »

Je lance d'instinct et avec une bonne dose de cynisme :

« Tu l'as fait passer par les armes ? »

Elle ne réagit pas.

« Je l'ai sélectionnée pour le bordel.

— Quel bordel ? »

Elle paraît fouiller un instant dans sa mémoire, puis elle reprend le fil de son propos.

« Oui, c'était en 1943. Nous avions reçu des instructions pour que soient aménagés des bordels dans les camps les plus grands, et le premier à le faire fut Buchenwald. Un matin, on nous donna l'ordre, à nous gardiennes, de choisir dans nos blocs les détenues les plus aptes à ce transfert, et je l'ai choisie, elle. »

Son visage se durcit, un sourire léger et satisfait lui effleure les lèvres.

« Peu après, j'ai appris qu'elle était morte d'une grave maladie vénérienne », ajoute-t-elle, et, d'un mouvement inédit, elle se tord les doigts, tandis que j'ai l'impression que son regard se voile.

Mais ça ne dure qu'un instant.

« Dans un premier temps... j'ai éprouvé une espèce de regret, admet-elle, comme si elle confessait un fléchissement déplorable, mais je l'ai surmonté aussi vite. Je ne pouvais me permettre ce genre de chose, je veux dire d'avoir de la peine et du chagrin pour quelqu'un qui méritait d'être dans un camp. Depuis ce jour, ça ne m'est plus jamais arrivé. J'étais de la Waffen-SS, moi. Je ne pouvais m'autoriser le sentimentalisme des gens ordinaires. »

Elle avait concédé au Führer l'emprise sur ses sentiments et elle justifiait encore cette défaite.

Dans Berlin en flammes et imprégné de la puanteur des cadavres, combien de femmes la petite Helga avait-elle au contraire entendues pester contre leur Führer ? Elles avaient lutté bec et ongles, les Berlinoises, pour défendre leurs enfants, souvent mis au monde dans des refuges ou sous les voûtes du métro. Pour nourrir leurs petits, elles n'avaient pas hésité à affronter, armes au poing, les gardiens des rares alimentations demeurées ouvertes : celles qui fournissaient la Wehrmacht ou l'entourage de Hitler. Et lorsqu'il avait fallu fuir la Prusse-Orientale, avec l'Armée rouge sur les talons, elles avaient traîné derrière elles cinq, six, sept enfants, les attachant l'un à l'autre avec une corde à linge pour ne pas risquer de les perdre. Après la guerre, veuves et sans futur apparent, elles avaient serré les dents et noué des relations avec les hommes des puissances victorieuses, préférant l'épithète de « putain » à la pensée insupportable de voir leurs propres créatures mourir de faim. Je ne sais combien de Berlinoises aimaient encore leur Führer au cours de la bataille de Berlin...

On vivait, ces jours-là, dans le chaos le plus total. Solidarité ? Certes, mais sans états d'âme. La faim avait eu raison de toutes les règles, de tous les principes. S'il fallait voler pour récupérer quelques vivres, personne n'était en reste ; pas plus nous, les enfants, que les vieux.

Un jour, mon courageux grand-père d'adoption risqua sa vie à la gare d'Anhalt pour voler un sac de pois secs. Lui, un homme de loi, il tira sans hésiter dans les jambes d'un type qui s'était mis à le suivre. Il avait enfreint la *Sperrstunde*, le couvre-feu imposé par les Alliés. Qui était surpris dans les rues de Berlin après l'heure fixée était aussitôt fusillé par l'intransigeante police militaire.

Mais les Berlinois voulaient survivre. Et, couvre-feu ou non, ils étaient toujours en vadrouille à la recherche de quelque chose, mais surtout de nourriture.

La catastrophe consommée, ce furent encore elles, les Berlinoises – je peux en témoigner –, qui déblayèrent les rues des décombres, s'employèrent à consoler et à rassurer les rescapés qui, petit à petit, revenaient épuisés et vidés de la guerre de Hitler.

Elle s'est assoupie. Elle a appuyé la tête sur le dossier du fauteuil et s'est endormie ainsi, à l'improviste, sans avoir laissé paraître aucun signe de fatigue.

Je la regarde, ma vieille mère, que je vois pour la seconde fois en un demi-siècle, et, malgré tout, je ne peux me défendre d'un mouvement de tendresse.

Elle dort immobile, avec une respiration à peine perceptible. Elle a l'air si désarmée et perdue que c'en est insupportable. Une pensée nouvelle m'effleure, suivie d'une pointe d'angoisse. Un jour, elle va s'endormir de cette façon, silencieuse et sans défense, pour ne plus jamais se relever, et je serai loin. Peut-être quelqu'un me le fera savoir par télégramme quand elle sera déjà sous terre. J'en ai le cœur serré. Elle est toujours ma mère, et, quand elle s'en ira, c'est une partie de moi qui s'en ira avec elle. Mais laquelle ? Je ne trouve pas de réponse à cette question.

« Regarde-la, on dirait une gamine, chuchote Eva.

— Oui, marmonné-je, une petite ombre.

— Il ne faut pas la tourmenter, ajoute ma cousine. Je ne sais pas ce qui t'a pris.

— Je ne le sais pas non plus... D'une certaine façon, elle me cherche. Elle m'irrite et, en même temps, elle me touche. Je suis tellement déroutée... »

Ma mère se réveille à cet instant, elle jette autour d'elle un œil effaré et, quand elle m'aperçoit, elle baragouine, visiblement soulagée :

« Ah, tu es encore là... »

Elle bâille.

« De quoi parlions-nous ? »

J'évite de lui rappeler l'histoire de la détenue qu'elle a envoyée au bordel de Buchenwald, et je propose :

« Pourquoi ne me parles-tu pas de toi ? Par exemple, à quoi occupes-tu tes journées ? »

Elle se passe une main sur le front.

« À Birkenau, je ne le faisais plus, déclare-t-elle, comme pour se justifier d'une affirmation antérieure.

— Qu'est-ce que tu ne faisais plus à Birkenau ? »

Malgré mes bonnes résolutions, je n'ai pu retenir ma question.

« Attacher les femmes aux planches. »

Elle baisse la tête, mais j'ai le temps de voir ses yeux : sont-ils vraiment embués de larmes, ou est-ce mon désir irrépressible d'y saisir ne serait-ce qu'une ombre de remords qui me donne cette illusion ?

Elle se penche de nouveau en avant et m'attrape les mains sans que je puisse l'en empêcher.

« Ne va pas imaginer que j'ai agi de mon propre chef », s'empresse-t-elle d'ajouter, trahissant une vague inquiétude.

Ses mains, tellement osseuses et glaciales, me procurent une sensation de gêne.

« De quoi parles-tu ? »

Sa proximité me met mal à l'aise. D'un geste un peu hystérique, je me libère de sa poigne. Je suis soulagée, tandis qu'elle a les yeux fixés sur ses mains, comme si quelqu'un lui avait arraché une chose à laquelle elle tenait.

« Je... je parle de Birkenau, répond-elle d'une voix lente et incertaine.

— Tu as dit que tu n'agissais pas de ta propre initiative, suggéré-je.

— Ah oui ! J'y suis... Je veux dire... le fait que je les traitais avec rigueur.

— Qui ça ?

— Les détenues de mon bloc. Je ne pouvais tout de même pas mettre des gants, n'est-ce pas ? »

D'un sourire, elle quête mon approbation. J'acquiesce mécaniquement.

« J'avais reçu l'ordre de les traiter avec une extrême

dureté, s'emballe-t-elle, et je leur faisais cracher le sang. »

De son visage tombent les masques, toute prudence s'évanouit.

« Je parle de ces feignasses qui travaillaient dans les fabriques de munitions, tu comprends. Elles étaient toujours fatiguées et renfrognées, et, la nuit, elles pleurnichaient sur leurs marmots passés par la cheminée. »

Elle ajoute avec tact :

« Je leur faisais bouillir les fesses ! »

Et elle explique aussitôt, d'un ton technique :

« C'est du jargon militaire, c'est comme ça qu'on disait. Faire bouillir les fesses à quelqu'un, ça signifiait le maltraiter jusqu'à son dernier souffle. »

Elle me fixe : son regard est celui d'alors.

« Il fallait de la discipline, tu comprends ? Ces putains de Juives devaient comprendre où elles se trouvaient et surtout pourquoi. Et il n'y avait qu'un moyen d'y parvenir : la discipline, une discipline dure et inflexible. Voilà le secret pour tenir un camp en main. »

Je t'observe, mère, et j'éprouve une coupure terrible, déchirante : l'attrait instinctif pour le même sang et l'irrévocable refus de ce que tu as été – de ce que tu es encore.

Je décide que cela suffit. Tu es venue la voir une dernière fois, fais en sorte que ça finisse bien. Je cherche à lui sourire, mais mes lèvres se bloquent dans une grimace rigide, dure comme le ciment. Le démon revient m'asticoter. Pourquoi ne pas lui céder ?

Comment c'était, la nourriture d'une gardienne à Birkenau ?

Tandis qu'elle jouait à la SS modèle, moi et mon frère souffrions de la faim la plus noire. À compter de 1944, l'approvisionnement régulier de la population allemande fut presque totalement interrompu. On mangeait du pain de colza, on broyait des écorces et des glands pour en faire de la farine – chose qui donnait affreusement mal au ventre – et on ingurgitait des soupes terrifiantes à base d'orties.

« Vous avez manqué de vivres ? » demandé-je.

Eva me lance un coup d'œil de dépit, ma mère ricane. La question paraît l'amuser.

« Nous avions tout, fanfaronne-t-elle ; les camarades veillaient à ce que nous ne manquions de rien : vrai café, salami, beurre, vodka polonaise, cigarettes, savon parfumé. Nous avions des chaussettes de soie et du champagne authentique, mais cela uniquement à Noël. »

Tes camarades, mère. Avec ce sentiment profond d'appartenance, elle en parle encore, après plus d'un demi-siècle, avec cette déférence immarcescible.

« Moi, par exemple, j'étais une lectrice vorace, poursuit-elle avec animation, et les camarades, quand ils venaient de Berlin, m'apportaient toujours quelque chose d'intéressant à lire. (Elle redresse le buste, fièrement.) Je n'étais pas de celles qui lisaient uniquement les journaux populaires, non, je lisais des livres importants, tu comprends ? Et puis la lecture m'aidait à me détendre avant de dormir. J'étais un être humain, moi aussi, non ? »

Impossible de me retenir :

« Comment faisais-tu pour t'endormir en sachant qu'à quelques mètres de distance on brûlait jour et nuit des milliers de cadavres ? »

Je n'ai pas besoin de regarder Eva pour sentir son air affligé. Mais c'est trop tard.

Ma mère répond à son tour, presque avec dédain.

« Moi, je n'ai jamais souffert d'insomnie à Birkenau,

et puis, je te l'ai déjà dit, j'avais suivi un entraînement sévère. Je ne pouvais pas me permettre de... »

Mais c'est alors que se produit une chose étrange : elle commence à trembler de la mâchoire. Spectacle à la fois grotesque et pénible.

Elle serre fort les lèvres pour essayer d'arrêter le tremblement ; pourtant, loin de diminuer, celui-ci ne fait qu'augmenter, devient incontrôlable et altère ses traits. Son visage est en même temps désarmé et contracté de colère.

« On ne brûlait que la racaille, proclame-t-elle avec mépris, l'Allemagne devait se débarrasser du dernier *Stück*, du dernier représentant de cette race infâme.

— Et tu étais d'accord ?

— Comment ça ? Si j'étais d'accord avec la solution finale ? Pourquoi crois-tu que je me trouvais là ? Pour prendre des vacances ? »

Elle rit, mais ses mâchoires ne s'arrêtent pas de trembler. Je demande :

« Tu n'avais même pas de pitié pour les enfants ? »

Je n'ose croiser le regard d'Eva.

« Et pourquoi en aurais-je eu ? réplique-t-elle aussitôt. Un enfant juif serait devenu un adulte juif, et l'Allemagne devait se libérer de cette race abominable, combien de fois faut-il que je te le répète ? »

J'inspire profondément.

« Mais tu étais mère, tu avais deux enfants. Pendant qu'on poussait les enfants dans les chambres à gaz, tu ne pensais pas à nous ?

— Quel rapport ?

— Je veux dire... il ne t'est jamais venu à l'idée que, si nous avions été des enfants juifs, nous aurions connu le même sort ?

— Mes enfants étaient aryens ! s'exclame-t-elle, indignée. Les Aryens n'avaient rien à craindre. Mes enfants étaient parfaits et personne n'aurait touché à un seul cheveu de leur tête ! »

Tu en es vraiment sûre, mère ? Tu penses vraiment que pour nous, enfants aryens, tout s'est bien passé dans la Grande Allemagne de Hitler ? Quand, par exemple, en février 1943, le ministre de la Propagande Joseph Goebbels annonça l'imposition de mesures d'urgence extrêmement dures et restrictives, tu crois peut-être que les enfants aryens en étaient exclus ?

Sans doute, on n'a pas touché à nos cheveux. Ils ne nous expédièrent pas dans les chambres à gaz, d'accord, mais ils nous contraignirent à la faim la plus noire : la nuit, on rêvait de patates. Et moi, j'ai dû affronter tout cela sans toi. Parce que tu n'étais pas là : parce que tu t'étais déchargée sur d'autres de ton rôle de mère pour suivre ta voie.

Même en 1971, quand je suis venue te trouver à Vienne avec mon petit, tu n'as pas cherché un seul instant à rattraper le temps perdu, à rétablir avec moi un quelconque rapport : tu as seulement essayé de me faire passer ton uniforme SS.

Aujourd'hui, pourtant, j'ai vu dans tes yeux une lueur d'authentique chaleur maternelle.

Je te regarde et je me souviens du petit journal intime que ma grand-mère paternelle me confia peu avant de mourir. C'est mon père qui le lui avait remis entre les mains, elle voulait me le donner. À ces pages, je compris que papa ne t'avait jamais oubliée, même si tu lui avais brisé le cœur. Il ne t'avait jamais oubliée malgré la belle et jeune Ursula, la fille de « bonne famille » épousée en secondes noces.

Et moi non plus je n'ai jamais réussi à t'effacer de ma vie.

« Personne n'aurait touché à un seul cheveu de leur tête ! »

Nous en étions restées là.

« Durant la guerre, tu ne t'es jamais demandé ce qu'il en était de tes enfants ? »

Cette question me démange. Au moment où je la formule, j'observe avec soulagement qu'elle ne tremble plus de la mâchoire.

Elle m'arrête de son regard vide.

« La guerre..., reprend-elle, songeuse. À Birkenau, je ne me rendais pas compte. J'avais tant de choses à faire... »

Elle remet de l'ordre dans ses cheveux.

« Puis les Russes sont arrivés. »

Son regard se ranime, son visage se tend.

« C'était en janvier... Oui, il faisait froid. »

La mémoire revient.

« Les Russes sont arrivés et ils nous ont traités comme des criminels. »

Dans sa voix, l'indignation brûle encore.

« Ils nous menaçaient de leurs armes et nous obligeaient à retirer la veste de notre uniforme. »

D'un geste mécanique, elle fait mine de retirer sa veste.

« Ils voulaient voir la partie interne du bras, poursuit-elle, pour vérifier si nous avions le tatouage avec le groupe sanguin. »

Elle ricane avec un étrange grincement de dents.

« Mais les femmes SS n'avaient pas de tatouage, tu comprends ? »

Elle retrousse la manche de sa robe et montre son bras.

« Tu vois, aucun tatouage. »

Ce que je vois, c'est sa peau ridée et effroyablement blanche.

« En revanche, nous portions l'uniforme, confirme-t-elle d'une voix toujours plus plaintive, toujours plus sénile ; nous autres, gardiennes, avions l'uniforme SS. Une camarade a essayé de faire la maligne et désigna son uniforme aux Russes en disant : "*Odolžat ! Odolžat !*" Elle voulait faire croire qu'elle l'avait emprunté. Mais les Russes l'ont frappée en hurlant : "*Lguna !*" Ils la traitaient de menteuse. »

Elle essuie une larme.

« On nous a séparés, les hommes d'un côté, les femmes de l'autre. Nous étions tristes. Depuis leur camion, les camarades nous criaient : "Heil Hitler !" et les Russes les frappaient à coups de fusil, mais certains criaient quand même : "Heil Hitler !" au risque d'être aussitôt passés par les armes. »

Je me détourne. Ma pensée va encore une fois aux victimes, à toutes les histoires que je connais, que j'ai lues ou que l'on m'a racontées. Je pense aussi, mère, que c'est seulement en te haïssant que je serai enfin capable de m'arracher à tes racines. Mais je ne peux pas. Je n'y arrive pas.

Je dois lui faire face. Elle s'est rendu compte de mon détachement, elle réclame mon attention.

« Pourquoi ne dis-tu plus rien ? » lance-t-elle d'un air maussade.

Je suis fatiguée et déçue. Je suis maintenant presque résignée. C'est fait, je l'ai vue une dernière fois. Je peux commencer à mettre un terme à cette rencontre. Je consulte l'horloge.

« J'aurais encore tant de questions à te poser, dis-je d'une voix prudente, mais je m'aperçois qu'il est déjà tard. D'ici peu, tu devras aller déjeuner et nous...

— Demande, demande donc, me coupe-t-elle d'un débit rapide, avec une pointe d'anxiété dans la voix.

— Parlons de ta santé, suggéré-je. Qu'est-ce qu'on te fait ici ? On te soigne de quelle façon ?

— Interroge-moi donc sur Birkenau, m'exhorte-t-elle. Parce que c'est ce qui t'intéresse, n'est-ce pas ? »

Son regard est redevenu clair et conscient. Encore un de ses retournements soudains qui ne cessent de me surprendre.

J'essaie cependant de poursuivre sur la voie que je me suis imposée. Et j'insiste :

« Parle-moi de toi. Alors, on te soigne ? Qu'est-ce qu'on te donne ?

— Fräulein Inge t'a sûrement expliqué ce qu'on me donne, répond-elle sèchement. Des pilules et des sirops, voilà tout. Et je ne suis pas convaincue que ça serve à quelque chose. Ils veulent améliorer ma mémoire, mais qu'est-ce que j'en ai à faire ? »

Et elle ajoute, d'un air malin :

« Tout ce que je veux me rappeler, je le trouve toujours au même endroit, et le reste ne m'intéresse pas. »

Il y a un moment de silence, elle m'adresse un sourire d'encouragement.

« Alors ? Il n'y a rien d'autre que tu veuilles savoir sur Birkenau ? »

À présent que c'est à son tour de me harceler, je me rends compte que je n'ai plus de questions. J'éprouve au contraire une légère angoisse à l'idée de la séparation imminente.

« À quoi penses-tu ? » demande-t-elle d'une voix soucieuse, presque douce.

Elle se penche, m'attrape de nouveau les mains.

Mais je ne veux pas lui faire cadeau de mon trouble et je me replie sur une des histoires qui, il y a peu, se sont bousculées dans ma tête. C'est l'intéressé lui-même qui me l'a rapportée.

« Je pensais à une personne de ma connaissance...

— Qui ça ? »

Cette fois-ci, c'est elle qui me fixe droit dans les yeux, et je suis contrainte de soutenir son regard.

« Un ami.

— Pourquoi pensais-tu à lui ?

— Il a été déporté à Auschwitz quand il avait dix-huit ans, on l'a castré. »

Et aussitôt je libère mes mains des siennes.

Elle a un mouvement de recul accompagné d'une bouffée d'irritation.

« Castré à Auschwitz ? demande-t-elle, méprisante et incrédule. Il a dû te raconter des histoires. »

Cette fois, j'explose :

« Vingt minutes durant, ils ont exposé ses organes génitaux aux rayons X, provoquant ainsi de graves blessures, puis ils lui ont extirpé les testicules pour les sectionner et les examiner au microscope ! Tu veux peut-être nier qu'à Auschwitz ils faisaient des expériences sur la stérilisation des êtres humains ?

— C'est un mensonge ! proteste-t-elle, et de préciser : Il y a des choses qu'on ne faisait qu'à Ravensbrück.

— Et Mengele ? lui rappelé-je. Ce nom ne te dit rien ?

— Mengele ? reprend-elle en écho, comme si elle faisait passer le nom d'un côté à l'autre de sa bouche. Jamais entendu parler. »

Je me sens provoquée. Elle se paie ma tête.

« Et Meyer, Kaschub, Langben, Heyde, Renno, Brandt, ces noms ne te disent rien non plus ? »

Sa bouche est effilée et dure.

« Jamais entendu parler, je ne sais pas qui ils sont. »

Elle fronce les sourcils, croise les bras.

Elle se lève. Subitement, elle paraît d'humeur sombre. Elle fait quelques pas dans la pièce : elle marche droit, elle semble suffisamment solide sur ses jambes. Elle s'approche d'une plante ornementale et se met à en attraper les baies rouges, qu'elle écrase ensuite entre ses doigts.

« Dis-lui quelque chose de gentil, me susurre Eva ; vous devez vous quitter en paix. »

Elle a raison. Mais, tandis que je cherche un mot conciliant à lui dire, je la sens grogner :

« Tu ne m'as pas appelée une seule fois Mutti. »

Elle s'essuie les mains avec un mouchoir et répète :

« Tu dis que tu es ma fille et tu ne m'as pas appelée une seule fois Mutti ! »

Elle se place à côté de moi et demande, d'un ton sombre et offensé :

« Je ne suis pas ta mère, peut-être ? »

Et, avec une certaine méchanceté, elle se met à me pincer la joue comme si j'étais une fillette. Je fais signe mécaniquement que si et elle se met à crier :

« En ce cas, tu dois m'appeler Mutti ! Tous les enfants de mes compagnes appellent leur mère Mutti, et toi aussi tu dois m'appeler Mutti. Je le veux. »

Elle croise les bras sur la poitrine et arbore un air tout-puissant. Je me sens désarmée, prise au dépourvu. Je ne peux pas l'appeler Mutti. Je n'y arrive pas.

« J'attends », insiste-t-elle, sur le ton intransigeant de qui est sûr de ses droits.

Je pourrais répondre que les enfants de ses compagnes ont probablement coutume depuis toujours d'appeler leur mère Mutti, mais je crains de l'indisposer. Je me décide enfin à l'admettre :

« Je n'arrive pas à le dire.

— Tu n'arrives pas à m'appeler Mutti ? s'indigne-t-elle.

— Je n'y suis pas habituée, dis-je dans un haussement d'épaules.

— Je veux que tu appelles ta mère Mutti ! »

Elle s'obstine. De toute évidence, un caprice, et rien d'autre.

« Sinon, je vais sortir d'ici et je ne me retournerai même pas pour te dire au revoir, conclut-elle, vindicative, d'un ton de défi.

— Je n'y arrive pas. »

Je réponds d'un ton sec, fâchée et effrayée. Elle se cache la tête entre les mains et se met à pleurnicher.

« Je ne comprends pas pourquoi tu es venue ici pour m'humilier... Pour humilier une mère qui est vieille et qui ne demande qu'à être appelée Mutti. »

Elle pleure, sanglote et tousse : nous sommes de nouveau en plein mélodrame. Mon démon intérieur recommence à me tourmenter.

« Fais-la chanter, me suggère-t-il. Dis-lui que tu ne l'appelleras Mutti que lorsqu'elle sera plus sincère. »

Je ne me dérobe pas.

« Peut-être que les enfants de tes amies appellent leurs mères Mutti parce que, entre eux, il n'y a pas de mensonges. »

J'entends ma voix et je ne la reconnais pas : on dirait la voix d'une autre.

« Je ne raconte jamais d'histoires ! proteste ma mère, piquée au vif.

— Ce n'est pas vrai. Tu as prétendu n'avoir jamais entendu prononcer le nom de Mengele. »

Elle a un sourire en coin.

« Ben, c'est peut-être que je l'ai oublié.

— C'est bon, fais-je sournoisement, mais ne recommence plus. Ne raconte plus de bobards. C'est absurde entre une mère et sa fille, tu comprends ? »

Elle se tait, me dévisage avec la candeur d'une gamine. Elle acquiesce. Sur son visage affleure enfin un petit sourire malin.

« Si je dis des choses vraies, tu m'appelleras Mutti ? »

Je souris intérieurement.

« D'accord. »

Et, sans délai, je reviens au sujet qui me tient à cœur.

« Je t'ai parlé de mon ami qui a été castré à Auschwitz... »

Elle baisse les yeux et secoue la tête.

« Tu savais qu'à Auschwitz on faisait... ce genre de chose ? »

J'entends le soupir de ma cousine, mais, encore une fois, je n'en tiens pas compte.

« Mais oui ! explose ma mère avec impatience. Bien sûr que je le savais, j'étais de la Waffen-SS, moi, et nous étions tous au courant.

— Tu as connu personnellement un de ces médecins qui, à Auschwitz, faisaient des expériences de stérilis...

— Brack, me coupe-t-elle. J'ai assez bien connu le docteur Brack. »

Nous y voilà, me dis-je.

« Vraiment ? Et il vous est arrivé de parler de ce qu'il faisait... pour le bien de l'humanité ? demandé-je en reprenant ses mots à elle.

— Oui, une fois. C'était une fête... ou, plutôt, un mariage. Une de mes collègues avait épousé un camarade SS... Nous faisions la fête... Et lui, Brack, il était un peu excité, et alors... »

Elle me lance un regard malin.

« Tu dois d'abord m'appeler Mutti, puis je te raconte ce que Brack a dit.

— D'accord. »

Je cède, mais il me faut un gros effort pour prononcer au fond de moi le mot « Mutti ».

Ma mère me fixe : elle attend. Pourquoi y tient-elle

tant après un demi-siècle ? Ce n'est qu'un caprice sénile, elle ne veut pas être en reste par rapport à ses compagnes.

Mutti... Mais elle ne le mérite pas. Elle qui n'a jamais manifesté la moindre trace d'amour maternel est presque figée dans l'attente obstinée de mon « Mutti » – son trophée. Mais je pense à notre pacte, à ce que j'obtiendrai en échange, et j'articule avec effort :

« Mutti. »

Elle exulte, applaudit.

« Encore, encore !

— Mutti. »

Sur ce, elle fond en larmes, des larmes violentes – trop fortes, trop sonores. Peut-être s'en rend-elle compte, se rend-elle compte qu'elle ne parvient pas à m'attendrir. Puis elle se calme, se blottit dans son fauteuil, prend un air renfrogné et maussade :

« Je n'ai pas envie de m'étendre sur ce sinistre Brack. Et puis il ne parlait pas de ces choses-là. Il ne parlait pas de ce qu'il faisait au bloc, des expériences scientifiques... C'était un secret, tu comprends ? Un secret d'État. »

Menteuse, opportuniste, fanatique, fausse : telle qu'elle est décrite dans son dossier.

Dans *L'État SS*, Eugen Kogon cite un rapport de l'*Oberführer* SS Victor Brack à Heinrich Himmler concernant les expériences préliminaires sur la stérilisation des êtres humains :

« Le résultat suivant peut être considéré comme sûr et scientifiquement fondé :

« Afin de stériliser de façon définitive des individus, il est possible de leur appliquer des doses de rayons X assez élevées pour induire une castration avec toutes les conséquences qui en résultent. Des rayons X à haute dose détruisent les sécrétions internes des ovaires et des testicules [...]. Mais, comme il n'est pas possible de plomber les tissus environnants, il faut accepter l'inconvénient qu'ils soient endommagés, avec l'apparition ultérieure des "séquelles" de Röntgen. En cas d'irradiations d'une intensité excessive, apparaissent dans les jours ou les semaines qui suivent des brûlures dans les zones de peau touchées par les rayons [...]. »

L'intention étant de procéder à la stérilisation des sujets à leur insu, le docteur Brack avançait une proposition :

« En pratique, une solution serait, par exemple, de convoquer les individus à un guichet devant lequel ils devraient faire une halte de trois minutes environ afin de répondre à des questions et de remplir des formulaires. Le préposé assis derrière le guichet actionnerait l'appareil radiologique de manière à activer les tubes de Röntgen, puisque l'irradiation doit se faire des deux côtés. Avec un appareil à deux tubes, on serait de cette façon à même de stériliser de cent cinquante à deux cents personnes par jour ; avec vingt appareils, de trois à quatre mille [...]. On pourrait commencer par les deux à trois millions de Juifs, hommes et femmes, en "excellentes conditions de travail" [...]. Le fait que les personnes concernées s'en rendent compte des semaines ou des mois après être devenues stériles n'a aucune importance.

« Si, dans l'intérêt de l'entretien de la force de travail, le Reichsführer devait opter pour cette solution, le *Reichsleiter* Bouler serait prêt à mettre à sa disposition les médecins et tout le personnel nécessaire à la mise en œuvre du projet. »

« Tu es vraiment furieuse », constate ma mère.

Elle baisse la tête et m'adresse un sourire penaud.

« Et puis je ne le connaissais pas bien, ce Brack », admet-elle d'une voix faible.

Elle m'a dupée et elle le sait. Je me sens glacée de l'intérieur. Elle cherche à m'amadouer :

« Quand tu étais petite, tu étais si mignonne, si mignonne que mes amis insistaient pour qu'on publie ta photo dans une revue raciale. »

Ses amis... Je dois de nouveau me concentrer.

« À quelle année fais-tu allusion ?

— Quelle année ? » reprend-elle.

Elle fait un geste, comme pour chasser un filet de brouillard devant ses yeux.

« Tu étais encore... avec papa ? demandé-je timidement.

— Avec Stefan ? »

Elle hausse les épaules.

En tout cas, ces « amis » ne devaient être que les siens. Et tout à coup me revient un souvenir.

Une maison d'été à Kremmen, un petit village des environs de Berlin. La base en pierre, le reste en bois. Des meubles d'été en jonc et en pin.

Les fenêtres sont ouvertes ; de la place du village, bordée de vieux marronniers, arrivent les bruits de la campagne.

On entre par un petit jardin, mais tout se passe autrement à l'arrière de la maison. Dans la cour, au milieu des tilleuls, l'oie des voisins bat des ailes, tandis que mon frère Peter court derrière elle pour l'attraper.

Une petite porte de tiges entrecroisées donne sur un jardin dont je me rappelle parfaitement les couleurs, les sons et les parfums : les jasmins, les sureaux avec les baies desquels on peut préparer une soupe d'une curieuse couleur lie-de-vin, les églantines avec lesquelles on fait une marmelade douce et suave.

Et le chant heureux des alouettes, les hirondelles sous les corniches et deux cigognes sur le toit d'un grenier voisin. Je ne m'étais pas encore rendu compte que nous étions en guerre.

La scène se déroule dans le salon. C'est le soir, le soleil est bas ; de la terre du jardin, émane un parfum humide et agréable.

Il y a des gens. Ma mère rit beaucoup. Elle mise à part, je me souviens d'une autre dame et de trois hommes. Les invités sont tous en uniforme, même la femme.

Puis ma mère prend Peter dans ses bras ; il gigote et il crie. Elle veut qu'il donne un baiser sur la joue de chacun des invités, mais lui n'est pas de cet avis. Chaque fois qu'elle l'approche d'un invité, sa tête frisottée se tourne de l'autre côté. C'est agaçant. Et il n'est pas question pour lui d'embrasser des étrangers.

Ma mère s'énerve, sa voix se fait rude. « Petite peste ! » Mais il en a marre et il envoie un coup de pied dans le ventre d'un monsieur en uniforme qui lui tend sa joue rêche. Le destinataire pousse un petit cri amusé. Dépitée, ma mère repose par terre le petit rebelle, qui se met à marcher à quatre pattes dans le salon avec des babillages d'enfant. Je le vois comme si c'était hier, vif et inconscient.

Je ne pressens rien de bon et tente de m'esquiver, mais ma mère m'attrape. C'est à moi. Même intention. J'en ai une crampe à l'estomac. À moi non plus, ça ne me plaît pas d'embrasser les étrangers. Mais elle me lance un regard sévère, et je me résigne à distribuer des baisers contre mon gré. J'en arrive alors à un monsieur qui m'est antipathique. Il m'est antipathique depuis le premier instant où je l'ai vu. Il est grand et il a des yeux qui me font peur. Ce sont des yeux très clairs, pareils à ceux des chats siamois. Des yeux qui semblent envoyer des éclats de verre.

Me voici devant lui. Le monsieur se penche, m'adresse un sourire glacial et se dispose à recevoir ce stupide baiser. Cependant, c'est au-dessus de mes forces, et je lui mords le menton.

Il bondit en arrière, se tenant le menton dans la main. Ma mère me secoue et me gronde. Je ne pleure pas, même si je les hais tous.

Un quart d'heure après, dans le salon, il n'y a plus personne. Peter a déniché la pelle à ordures et la piétine allégrement. Puis il s'assied dessus comme sur une luge. Je suis accroupie par terre et je le regarde. Un vrai diablotin.

Tout à coup, quelqu'un jette sur nous un grand filet de pêche. Je ne savais pas qu'il y en avait un dans la maison et je ne comprends pas pour quelle raison on nous l'a lancé dessus, mais je suis épouvantée.

Je crie, et Peter aussi crie, il s'agrippe à moi et crie. Nous gesticulons dans tous les sens, mais, plus nous faisons d'efforts pour nous libérer de ce filet, plus nous nous emmêlons et plus nous hurlons.

Les grands ne nous voient pas. Peut-être sont-ils derrière la porte à nous épier, s'amusant de notre angoisse pathétique, de notre terreur éperdue.

Nous sommes comme deux blattes tombées sur le dos. Nous agitons les jambes et hurlons. Le soleil s'est couché et, par la fenêtre, entrent les ombres du soir.

Un piège. Un piège tendu par un monde d'adultes devenu soudain cynique et méchant.

(Il était déjà arrivé à ma mère de nous épouvanter, surtout quand elle nous infligeait ses implacables punitions. Si la devise de notre marâtre eût été : vous ne devez pas penser mais « savoir », celle de ma mère se résumait à « obéir avant tout ». Elle était hypersensible à la désobéissance. Elle ne tolérait pas la moindre rébellion. Chaque fois que je laissais paraître le plus infime mouvement d'impatience, moi qui étais de tempérament indocile, elle me punissait en m'enfermant dans le cagibi. À Berlin, quand nous habitions dans le quartier de Niederschönhausen, nous en avions un avec une minuscule fenêtre que ma mère obturait avec un carton pour que je reste, des heures durant, dans le noir le plus total. Une autre punition qui, dès quatre ans, me paraissait lourde consistait à nous administrer une triple ration d'huile de foie de morue. Même Peter, qui tremblait encore dans sa culotte quand il sentait notre mère plus nerveuse et agitée que d'habitude, craignait cette cuiller spéciale comme le diable en personne et, dès qu'il la voyait, se mettait à pousser des hurlements désespérés. Un jour, il se défendit en repoussant la cuiller d'un geste si foudroyant que l'huile gicla au visage de ma mère. Hors d'elle, elle l'enferma, suivant son habitude, dans la grande armoire de la chambre conjugale (à l'époque, mon père était déjà sous les drapeaux) après lui avoir également infligé la ration punitive d'huile de foie de morue. Une fois à l'intérieur, mon frère faillit étouffer : quand elle le libéra, il gisait au fond, la tête abandonnée sur une boîte à chaussures. Ce jour-là, ma mère eut la frayeur de sa vie et elle se mit à secouer furieusement le petit Peter qui paraissait mort ou évanoui, alors qu'il n'était probablement qu'engourdi par le manque d'oxygène.

Le cauchemar de Kremmen se poursuit. Les adultes ne nous voient pas, et Peter et moi sommes encore prisonniers de cet horrible filet de pêche. Peter hurle, s'agrippe à moi et m'enfonce ses ongles dans les bras. Tous les repères de la réalité semblent avoir disparu. Nous nous sentons catapultés dans un monde obscur et inconnu où une mère se transforme à l'improviste en sorcière pour amuser ses amis avec une plaisanterie aussi stupide que cruelle.

Je commence à appeler ma mère d'une voix aiguë et suppliante : « Mutti ! Mutti ! » Je crie, je sanglote et l'implore de venir nous dégager. Elle arrive enfin. Elle rit, elle a les larmes aux yeux. Ses invités rient aussi. Ils se sont bien amusés, c'est évident. Et moi, entre soulagement et rancœur, je les hais tous encore plus, mais surtout l'homme que j'ai mordu, et qui maintenant ricane vulgairement en montrant ses longues dents pointues qui me font penser à un requin, la panse pleine.

C'est fini, maman nous libère.

Depuis ce jour, mon frère et moi souffrons de claustrophobie.

Peter est né à Berlin même, dans l'appartement de la Nordenstrasse, dans le quartier de Niederschönhausen.

Quand, un peu plus tard, la marâtre est entrée dans notre vie, mon frère l'a acceptée tout de suite, d'instinct et sans réserve. Pendant près d'un an, après que notre mère nous eut abandonnés, c'était grand-mère qui s'était occupée de nous, et, au moment du mariage de mon père avec Ursula, Peter semblait avoir complètement oublié sa mère biologique. Notre marâtre m'interdit de lui dire qu'elle n'était pas sa vraie maman : je promis et tins parole. On inventa qu'Ursula avait été longtemps malade et qu'elle était enfin rentrée à la maison d'un hôpital lointain, et Peter crut vraiment qu'elle était sa mère. Quant à moi, je me suis tue : au début, parce que j'avais peur de ma marâtre ; ensuite, parce que le mensonge devient à la longue une habitude.

Mais cela ne suffit pas.

Un matin, juste après la guerre, quand tout n'était que chaos, désarroi et destruction, et que chacun pouvait déclarer n'importe quoi aux nouvelles autorités en prétextant la perte de ses papiers – beaucoup les avaient égarés pour de bon à la suite des bombardements qui avaient rasé immeubles, bureaux et archives –, notre marâtre alla certifier l'acte de naissance de mon frère en affirmant qu'il était son fils biologique. Le mensonge dura des années, jusqu'au jour où mon frère se mit à rassembler ses papiers en vue de son mariage. Les autorités autrichiennes (nous étions rentrés à Vienne en 1948) exigeaient le certificat de naissance authentique, que mon frère demanda alors au bureau d'état civil de Berlin. La réponse ne se fit pas attendre. À la rubrique « nom de la mère », il lut un nom et un prénom qui lui étaient totalement inconnus.

Sa « mère » adorée l'avait mené en bateau pendant vingt-six ans, avec la complicité de mon père et la mienne. Même notre grand-mère paternelle avait joué le jeu : chaque fois qu'elle nous parlait de la première femme de mon père, elle laissait entendre que moi seule étais la fille de « cette mégère ». Ainsi, Peter ne perdit pas une seule mère, mais deux. La révélation tardive le traumatisa et creusa entre lui et sa marâtre une brèche impossible à colmater.

Grand-mère me racontait que ma mère ne voulait pas fêter Noël suivant la tradition chrétienne. Par fidélité aveugle envers la SS, elle n'allait plus à l'église et, le 24 décembre, célébrait la *Sonnenwendfest*, la fête du solstice pour l'ordre de Himmler. Les SS diffusaient des opuscules contenant toutes les instructions relatives à cette festivité.

Grand-mère disait donc qu'à Noël ma mère se

donnait beaucoup de mal pour faire cuire des biscuits en forme de runes, qui signifiaient pour les SS l'éternité du monde, de guirlandes, qui symbolisaient le perpétuel retour, et d'escargots, qui représentaient le soleil d'où naît la vie sur terre. Ces douceurs seraient l'unique décoration du sapin, parce que l'opuscule interdisait tout le reste : fils d'argent, boules de couleur et autres breloques romantiques que les Allemands accrochaient depuis toujours à l'arbre de Noël.

Grand-mère, qui, à Noël, venait de Pologne avec grand-père nous apporter des cadeaux, à Peter et à moi, s'opposait vivement à ma mère, affirmant que « ses manies de SS » ne devaient pas nous priver, nous les enfants, d'une fête en accord avec la tradition et que célébraient tous « les gens normaux ». Il y eut d'âpres querelles et, une fois, grand-mère se débrouilla pour jeter à la poubelle tous les biscuits préparés par ma mère. Il s'ensuivit presque une rixe. Mes grands-parents repartirent précipitamment pour la Pologne.

Plus tard, j'appris que mon père, tout en désapprouvant l'activisme politique de sa femme, prenait toujours sa défense en présence de sa mère, déchaînant la colère de grand-mère, depuis le premier jour hostile à cette possédée que son fils avait à tout prix voulu conduire à l'autel.

Quant au fanatisme de ma mère, je le crois typique de la double morale des SS : une façade austère de rigueur, de fierté, de modération et de tempérance dissimulait des abîmes de dérèglement, de sectarisme et de morgue : en un mot, une soif de pouvoir illimitée.

Fräulein Inge apparaît à la porte.

« Comment va ? Je peux offrir quelque chose à ces dames ? Thé, café, autre chose ? »

Dans son dos, un curieux jette un coup d'œil dans la pièce.

Ma mère proteste avec malice :

« À moi, on ne m'offre jamais rien à cette heure ! »

Fräulein Inge entre.

« Mais aujourd'hui est une journée exceptionnelle ! Vos invitées viennent de si loin... »

Ma mère me lance un coup d'œil surpris.

« De loin ? D'où viens-tu ?

— D'Italie.

— Pourquoi d'Italie ?

— Parce que c'est là-bas que je vis.

— Et depuis quand ?

— 1963. »

Elle est perplexe.

« En Italie, répète-t-elle à plusieurs reprises. Ma fille vit en Italie. »

Fräulein Inge interroge gentiment :

« Que puis-je donc vous servir, mesdames ? »

Avant qu'Eva et moi ayons le temps de répondre, ma mère déclare avec autorité :

« Un jus de pomme ! »

La Fräulein acquiesce.

« Bien. Et vous, mesdames ? »

Eva demande un café, et je fais comme elle, tout en sachant qu'il ne sera pas tel que je l'aime.

La Fräulein sort, ma mère reste silencieuse quelques instants. Elle est allée se poster à côté de l'une des grandes fenêtres, loin de moi, et elle semble presque y chercher refuge. De là, elle hurle, d'un air sombre :

« Je ne veux pas être interrogée ! Tu es venue d'Italie jusqu'ici afin de m'interroger, mais moi je ne veux pas ! »

Je suis effarée : peut-être me jette-t-elle à la figure une vérité que je ne suis pas en état de voir.

« Je n'ai aucunement l'intention de t'interroger », m'efforcé-je de la rassurer.

Mais elle se blottit sur le petit fauteuil, toute recroquevillée, les yeux exorbités, et grommelle, d'une voix qui paraît sortie d'outre-tombe :

« Je suis innocente. Je ne suis pas en faute. Je n'ai fait qu'obéir aux ordres, comme tout le monde. Tous n'ont fait qu'obéir aux ordres. Tous mes camarades et tous les Allemands ! À quoi bon vouloir le nier ? Les enfants eux-mêmes ont obéi aveuglément à leurs enseignants, observant rigoureusement les ordres des supérieurs. »

Un doigt tremblant s'agite dans ma direction.

« Toi aussi, tu as obéi ! me lance-t-elle d'un ton venimeux. À l'école, on t'a appris à haïr les Juifs et tu as haï les Juifs. Essaie un peu de dire le contraire ! »

Ses yeux lancent des éclairs de mépris, toute son attitude est menaçante. Depuis que je suis ici, je ne l'ai jamais vue surexcitée et hargneuse à ce point.

« Tu es venue d'Italie pour me faire mon procès, mais c'est moi qui vais faire le tien ! glapit-elle d'une voix vibrante de méchanceté. Je ne te permettrai pas de m'interroger, tu entends ? Je ne te le permettrai pas ! »

Elle a une respiration haletante et, sur son visage au teint cendreux, se détachent des pommettes rouge vif.

« Maintenant, tout le monde crache sur l'Allemagne, enrage-t-elle, et vous savez pourquoi ? Parce qu'elle a perdu la guerre. Si elle avait vaincu, le monde entier se jetterait aux pieds du Führer et pas seulement aux siens. »

Elle ricane.

« Et pas seulement aux siens », répète-t-elle, satisfaite de sa tirade.

Une vieille rengaine, des mots que j'ai moi-même

entendus prononcer tant de fois, après la guerre, par des Berlinois qui avaient survécu. Après la capitulation de 1945, annihilés par un chœur international de haine et de mépris, beaucoup d'Allemands avaient imaginé récupérer un soupçon d'orgueil en tenant ce langage.

J'échange un coup d'œil avec Eva, mais déjà ma mère a repris son expression de hargne :

« Je te tiens, ma chère, ne fais pas l'innocente ! Tu peux affirmer en toute sincérité n'avoir jamais nourri le moindre sentiment de haine envers un Juif ? »

J'espère que Fräulein Inge va entrer avec le café, mais elle n'arrive pas.

« Penses-y bien ! » croasse ma mère d'une voix de fausset.

Elle a gagné. Un souvenir désagréable affleure à ma mémoire réticente.

En 1943, je suis entrée au collège à Eden, dans la banlieue d'Orienburg. Nous habitions une solide maison, avec des chambres à coucher sous les toits, un jardin, des arbres fruitiers. Mais, même sur ce petit éden, la guerre soufflait son vent de violence et de mort.

Je souffrais d'avoir été éloignée de Berlin, de mon frère et de mon nouveau grand-père, qui m'aimait bien. C'était ma marâtre, je l'ai dit, qui avait décidé de m'exiler.

Dans ce collège, pourtant, j'avais trouvé compréhension et affection. J'avais appris à aimer la directrice, Frau Heinze, la seule personne, je le répète, que j'aie appelée Mutti après avoir été abandonnée par ma mère.

Le collège accueillait des enfants rejetés par leurs familles pour divers motifs : souvent, comme dans mon cas, sous de fallacieux prétextes. Des enfants de couples en difficulté ou de parents divorcés, des orphelins ou des enfants repoussés par des parents qui répugnaient à les accueillir.

Et la guerre faisait le reste.

On entendait au loin le crépitement de l'artillerie ennemie. La nuit, cependant, les tirs semaient la terreur. Au début de la guerre, me dit-on, ne mouraient que les soldats, mais ensuite la population civile était à son tour touchée. Les soldats ne mouraient pas : ils « tombaient », et l'on érigeait des monuments en leur honneur. Les civils ne tombaient pas : ils mouraient, et personne ne songeait à ériger des monuments à leur mémoire ou à celle de leurs fils, de leurs épouses ou de leurs mères.

Les peurs de la nuit vaincues, nous avions droit, le jour, aux toboggans et aux balançoires. D'en haut, nous pouvions voir, par-delà la palissade, la route départementale bordée de vieux platanes : entre une charrette à râtelier et un tonneau de fumier avançaient des soldats ou des blindés de la Wehrmacht qui faisaient trembler la terre avec leurs chenilles.

Le soir, quand maman Heinze distribuait les maigres rations de pain, je parvenais toujours à glaner un sourire et parfois une vraie caresse. Pour moi, c'étaient des sensations nouvelles et précieuses : elles me donnaient courage, je m'en nourrissais comme d'une sève vitale.

Ce matin-là, quand nous sortîmes du collège, il y avait du givre. L'école était à moins de trois cents mètres et nous y allions tout seuls : un troupeau de brebis avec à leur tête les garçons les plus grands, de onze ou douze ans. On nous appelait « les enfants de maman Heinze ». Nous étions très unis.

À une cinquantaine de mètres de l'école, nous aperçûmes un rassemblement de gens qui s'acharnaient sur quelqu'un. En nous rapprochant, nous vîmes qu'il s'agissait d'un homme et d'une femme. Partagés entre l'épouvante et la stupéfaction, nous restâmes un moment à observer cette violence aveugle jusqu'à ce qu'un jeune se détache du groupe des brutes pour nous expliquer qu'il s'agissait d'un couple de Juifs. Durant quelque temps, ils avaient vécu cachés, protégés par un ami de la famille, mais ensuite celui-ci avait été appelé sous les drapeaux ; ils avaient survécu quelques semaines presque sans vivres, puis avaient été contraints de sortir au grand jour.

« Allons à l'école, fit le chef de notre petite troupe.

— Pourquoi frappent-ils ces gens ? » sanglotait une gamine.

Pendant ce temps, les deux malheureux, recroquevillés et tout piteux, suppliaient leurs agresseurs de ne pas les remettre à la Gestapo.

Et, tout à coup, l'une des brutes nous prit à partie : « Allez, les enfants, si vous êtes de vaillants nazis, donnez-nous un coup de main ! »

Suivant son exemple, ses camarades nous exhortèrent tous en chœur.

Je ne saurais dire exactement comment c'est arrivé. Ce que je sais, c'est que nous fûmes parcourus par une sorte de décharge électrique, comme si une agressivité primaire, une haine contagieuse, s'était réveillée en nous.

Comme un seul homme, nous nous jetâmes sur les deux misérables, les criblant de coups de pied et de poing. Certains leur crachaient dessus, d'autres écrasaient les mains des deux victimes sans défense sur la terre battue. Je me penchai vers la femme et lui tirai les cheveux. Je tirai fort et criai : « Sale Juive ! » Elle me regarda, épouvantée, effarée. Jamais je n'oublierai ce regard.

La malheureuse avait la tête dans une bouse de

vache qui lui souillait les cheveux, mais je n'éprouvai pour elle ni compassion ni pitié.

Naturellement, quelqu'un avait prévenu la Gestapo ; elle vint avec un fourgon cellulaire qui me parut gigantesque et dans lequel auraient pu trouver place non pas deux, mais cinquante Juifs. Dans un vacarme hystérique en sortirent cinq ou six SS, avec une horde de chiens qui montraient les crocs.

Alors que je me dis que, moi non plus, je ne puis lancer la première pierre, entre Fräulein Inge avec les deux cafés et le jus de pomme.

Ma mère se jette goulûment sur son verre, qu'elle vide d'un trait ; puis elle le pose sur la table basse et me fixe d'un regard hésitant.

« De quoi parlions-nous ? »

J'espère qu'elle a perdu le fil, mais elle déclare avec assurance :

« Tu n'as rien de ton père, tu ne ressembles qu'à moi. »

Elle a raison, pensé-je avec regret. J'aurais tant voulu ressembler à mon père, mais c'est mon frère qui a hérité de ses traits, alors que je suis le portrait craché de ma mère.

Elle a dû oublier nos dernières paroles avant l'arrivée de Fräulein Inge, mais ce qu'elle dit s'y rapporte d'une certaine façon.

« Ton père lui-même s'est incliné devant le régime, affirme-t-elle avec une pointe d'ironie méchante, lui qui était si pur, si pétri de nobles idéaux. C'était un homme de talent, un bon peintre. Pense un peu : quand je l'ai connu, il fréquentait des gens comme Schlichter, Grosz, Klee, Dix, Nolde... »

Elle me lance un coup d'œil, comme si elle doutait que j'eusse quelques notions d'histoire de l'art.

« Mais peut-être ça ne t'évoque rien », conclut-elle effectivement.

Je la laisse dire, d'autant qu'elle enchaîne aussitôt :

« Stefan se voua au néoclassicisme que voulait le Führer, se souvient-elle parfaitement. Il se mit à peindre des paysages et des portraits, des couchers de soleil et des natures mortes, des paysans et des tracteurs, des gens au travail, des chevaux et des scènes de campagne... Il copiait aussi des animaux exotiques dans des livres de sciences naturelles. Il faisait des expositions. C'est justement à l'occasion de l'une de ses expositions qu'il a connu Hilde, qui lui a acheté un tableau : *Lions dans la savane*. »

Elle a un sourire méchant.

« Et, dès que je suis partie, la brave Hilde n'a pas perdu de temps. Elle lui a présenté sa petite sœur. »

Je suis surprise. Je n'en savais rien.

« Sujet négatif, tranche ma mère avec amertume. Hilde ne m'a jamais plu. Elle se croyait je ne sais trop quoi parce qu'elle travaillait avec le ministre de la Propagande, et je reste convaincue qu'elle en était entichée ; naturellement, lui ne la remarquait même pas. Elle était très efficace, je ne le nie pas, mais Goebbels ne s'intéressait pas à elle en tant que femme... Il avait toutes les actrices à ses pieds, et puis cette liaison avec la Baarova... Non, Goebbels ne voyait en elle qu'une secrétaire capable et fiable. »

Je la regarde, de plus en plus éberluée. Elle est capable de changer d'un instant à l'autre, comme un caméléon.

Elle ne porte pas de bijoux, pas même une bague. Rien. Elle a des ongles et des cheveux soignés. Elle semble encore fidèle à la rigueur et à la discipline militaires de son époque.

Tout ce qu'elle dit de ma tante par alliance me touche. Je me souviens d'une Hilde froide et distante dans le Berlin des années quarante ; elle arrivait toujours en trombe à la maison pour se changer et retourner aussi vite au bureau ; la guerre s'exacerbant, on la voyait de plus en plus rarement : souvent, elle dormait au bunker du ministère ou dans le bunker privé de Goebbels, dans sa villa donnant sur le Tiergarten.

À cette époque, je savais seulement qu'elle travaillait pour le monsieur qui hurlait dans les haut-parleurs des rues et dans les postes de radio ; ce n'est que bien plus tard que je compris qu'il s'agissait de Joseph Goebbels et que je connus la position qu'il occupait dans la hiérarchie du Reich.

Maintenant, ma mère se tait ; pourtant elle a piqué ma curiosité. Je lui pose une autre question sur Hilde, mais, du coup, elle s'emporte :

« Ton père n'a même pas attendu un an pour épouser cette... Ursula ! »

J'objecte :

« Il avait deux enfants et c'était la guerre. Il voulait nous donner une mère.

— Vous donner une mère ! enrage-t-elle. Tu parles ! À quoi bon ? Le Reich aurait pensé à vous. Le Reich s'en serait occupé, de mes enfants, mieux qu'une quelconque marâtre. »

Je ne dis mot.

Par chance, le Reich s'est effondré avant d'avoir pu mettre le grappin sur moi et sur Peter. Je frémis encore en pensant au danger auquel j'ai échappé.

Je murmure, presque à part moi :

« Je n'en voulais pas, de la marâtre, je voulais grand-mère. »

Ma mère me lance un regard qu'on dirait sincère, peiné.

« Elle ne te plaisait pas, Ursula ? » demande-t-elle d'une petite voix.

J'hésite. Je préférerais ne pas m'étendre sur le sujet. Je réponds laconiquement :

« Elle n'était pas gentille avec moi. Elle ne m'aimait pas. Elle ne m'a jamais aimée. »

Qu'aurais-je pu dire de ma seconde mère ? Qu'elle me fut hostile du jour où Peter et moi sommes allés vivre chez elle ? Qu'après m'avoir envoyée dans une maison de correction, puis au collège d'Eden en profitant de l'éloignement de mon père, elle réussit à le convaincre, à la fin de la guerre, de m'enfermer de nouveau au collège ?

Je garde le silence, perdue dans mes souvenirs.

« Mes pauvres petits..., pleurniche-t-elle. Quand tu étais petite, je t'appelais Mausi, dit-elle pour la deuxième fois, et Peter... »

Elle fronce les sourcils :

« Je ne sais plus. »

Elle se tait quelques instants, affligée, puis reprend :

« Mais tu étais vive, du vif-argent. Tu caressais tous les chiens que tu rencontrais et tu étais têtue comme une mule. Tu volais le pain dans le garde-manger et tu adorais sauter à cloche-pied. Tu ne voulais jamais obéir et, un jour, tu as fini dans la mare. »

De cette histoire de mare, je ne me remémore que la version que racontait grand-mère. Mais voici l'occasion d'entendre celle de ma mère. Je suis curieuse.

« Comment ça s'est passé ?

— C'était à Köstendorf, répond-elle sans hésiter. Je t'y ai conduite un jour pour te faire prendre un peu de bon air. À Berlin, on ne respirait que de la poussière chaude.

— Köstendorf en Autriche ?

— Oui. C'est là qu'était située la ferme de mon oncle. Et il y avait une mare couverte de feuilles et de fleurs de nymphéa. Tu as cru que c'était un pré et tu t'es mise à marcher dessus tranquillement. »

Elle rit de bon cœur. J'étais sur le point de me noyer et le seul fait d'y repenser, ça la fait rire.

« Et toi, tu étais où ? » demandé-je.

Subitement, elle semble en avoir assez et regarde ailleurs.

« Je ne me souviens pas. »

Elle se dérobe. Je voudrais laisser tomber, mais c'est plus fort que moi.

« Allons ! fais-je avec irritation. Tu ne t'en souviens pas ? Tu devais pourtant te trouver là quand je suis tombée dans la mare ? »

Elle me lance un regard étrange, puis, avec une lueur de menace et de contrariété dans les yeux, elle crie d'une voix de fausset :

« Je ne te permets pas de m'interroger ! Je ne te le permets pas ! »

Avec l'annexion de l'Autriche, Adolf Eichmann fut envoyé à Vienne afin d'y organiser l'émigration forcée des Juifs, et il avait installé son quartier général dans le château des Rothschild.

C'est là que les Juifs autrichiens furent convoqués ; à la suite de quoi, privés d'office de la citoyenneté et de toute propriété, mobilière et immobilière, munis d'un laissez-passer, ils furent bannis du pays avec l'obligation de le quitter dans les plus brefs délais pour ne plus jamais y remettre les pieds.

Ma grand-mère paternelle, depuis toujours l'unique lien entre moi et mon passé, avait à plusieurs reprises laissé entendre que ma mère avait eu affaire, d'une manière ou d'une autre, avec Adolf Eichmann, mais sans entrer davantage dans les détails. Une chose me disait pourtant que, quand nous résidions sur le domaine de Köstendorf, ma mère fut mandée à Vienne par Eichmann – juste avant, je crois, qu'il ne fût rappelé à Berlin pour y diriger le Bureau central des affaires juives.

Le départ de ma mère pour la capitale posait un problème délicat : il fallait me confier à quelqu'un. Or nous étions dans une période de travaux agricoles urgents, et personne, dans la ferme, ne pouvait garantir une surveillance de tous les instants. C'est ainsi qu'on pensa à Siegele, la jeune fille de treize ans dont la tâche était, quand il faisait beau, d'emmener paître les vaches sur un grand pré, pas très loin de la maison des paysans.

Ils m'avaient affublée d'une sorte de harnais avec une laisse tout en recommandant à Siegele de ne pas me lâcher un seul instant, mais il apparut qu'à un moment il lui fallut bien me lâcher pour aller faire ses besoins. Quand elle releva les yeux, je n'y étais plus : je m'étais dirigée résolument vers la mare et, en moins de temps qu'il n'en faut pour le dire, je m'étais retrouvée dedans. Par chance, elle n'était pas très profonde, et je m'étais immobilisée là où l'eau était encore peu profonde, si bien qu'elle me tira de là sans difficulté. J'attrapai mal à la gorge, elle reçut une punition solennelle, mais les choses n'eurent pas d'autres conséquences.

Pour ma grand-mère, cependant, l'affaire ne s'arrêta pas là : chaque fois qu'elle entendait souligner l'étourderie avec laquelle ma mère assumait son rôle, elle ressortait l'épisode de la mare.

Quoi qu'il en soit, à l'époque de Köstendorf, ma mère était enceinte de Peter : tout en ayant répondu promptement à l'appel d'Eichmann, elle ne put donc accepter la charge qui lui fut proposée. Quelle qu'elle fût.

J'observe ma mère avec un ressentiment mêlé de résignation. Dommage ! Encore une fois, elle se dérobe. Elle est fourbe, déloyale et même hypocrite. Mais elle est ma mère. Et c'est la dernière fois que je la vois...

Avec un frisson, je cherche ses yeux, mais ils sont comme insaisissables. Elle se contemple elle-même, elle plonge le regard en elle-même et ne voit que ce qu'elle veut voir. Mon Dieu, me dis-je, que va-t-il rester de cette rencontre ? Quelle vérité m'a-t-elle offerte au cours de ces deux heures, sinon cette insistance sur les rares segments de mémoire qui lui tiennent encore à cœur, qui touchent son orgueil ou sa vanité ? Elle s'obstine à parler de Hilde, par exemple, la sœur de ma marâtre. De la mare de Köstendorf, elle ne veut pas se souvenir, elle préfère épancher sa vieille rancœur envers celle qui, à l'époque, avait présenté à mon père la belle et jeune Ursula.

« Si elle n'était pas allée acheter ce jour-là *Lions dans la savane*, souligne-t-elle, elle n'aurait pas connu Stefan, auquel elle s'empressa ensuite de servir sa petite sœur sur un plateau d'argent. »

Et, encore une fois, je ne la comprends pas. Si elle tenait tant à son mari, pourquoi l'avoir abandonné en 1941 ?

De toute façon, je la laisse parler : je veux en profiter pour me préparer aux adieux. Pour quelques minutes encore, l'objet de son ressentiment sera Hilde, cette même Hilde qui, en 1944, nous a installés, mon frère et moi, dans le bunker de Hitler afin que nous servions, avec beaucoup d'autres petits Berlinois, dans la énième campagne de propagande de Goebbels, en vue d'accréditer la fable d'un Führer humain et solidaire, accueillant à tour de rôle une centaine d'enfants dans le grand bunker, sous la Nouvelle Chancellerie, pour leur offrir des soins, des vivres et du réconfort.

Nous y sommes allés, dans le bunker. Je ne voulais pas. Je ne voulais pas sortir d'un refuge pour entrer dans un autre, même s'il était bien plus grand, et même très, très grand : une espèce de citadelle qui abritait de six à sept cents personnes.

Ce fut au début du mois de décembre 1944, peu avant que les SS ne s'acharnent contre tous les antifascistes et antinazis déportés des pays occupés, leur infligeant une mort atroce. Ce fut la fameuse opération « Nuit et Brouillard ». Avant de se retirer, les hitlériens devaient tuer sans exception chaque prisonnier de guerre, et pas seulement les antifascistes détenus dans les prisons et les camps de concentration. Beaucoup furent assassinés pour simple « défaitisme ».

Mon frère et moi, disais-je, sommes allés dans le bunker. Un matin arriva un bus camouflé et alimenté au charbon, un Kokskocher, comme on les appelait. Il nous chargea et repartit, traversant une ville de Berlin qui n'était plus qu'un immense brasier. Et moi, qui avais sept ans depuis un mois, j'étais assise à la fenêtre, stupéfaite, et observais le scénario qui se déroulait sous mes yeux.

Ruines sur ruines, des ruines désormais éteintes et des ruines récentes qui brûlaient encore, avec des flammes qui s'élevaient très haut dans le ciel. Sur les trottoirs informes jonchés de cadavres régnait partout la plus sauvage destruction.

Dans le bunker de Hitler, nous avons reçu des vivres et des soins. Quant au réconfort, je n'en ai pas le moindre souvenir. On nous examina aussitôt, surtout, j'imagine, parce qu'il ne fallait faire courir aucun risque de contagion au Führer qui devait nous rendre visite. Ils nous remirent un peu d'aplomb avec des vitamines et l'abominable huile de foie de morue ; ils nous firent le test de la tuberculose, puis nous placèrent même sous la lampe à tube de quartz pour nous donner bonne mine : le Führer avait horreur de côtoyer des enfants sous-alimentés et pâlichons.

Oui, nous l'avons rencontré, le Führer du IIIe Reich. Il vint avec ses gardes du corps et tendit la main aux enfants du premier rang, parmi lesquels nous nous tenions, mon frère et moi : un détachement de petits malheureux, tremblants d'émotion et consumés par la guerre.

Je le fixai, le grand Führer, et demeurai incrédule. Vu avec les yeux perçants d'une fillette, c'était un vieillard ridé à l'air maladif. Il traînait une jambe, avait un bras qu'on aurait cru de plâtre, et sa tête était secouée de légers tremblements. En revanche, son regard était encore vif et intense : je me sentais comme hypnotisée par un serpent.

Je ne perçus aucune bienveillance dans sa question : « Comment te trouves-tu dans le bunker ? » Je ne décelai en lui ni compassion ni solidarité. Non, Adolf Hitler n'aimait pas les enfants, pas plus que ma mère. Peu avant la défaite, il envoya une centaine de milliers d'enfants au-devant d'une mort certaine. Je me rappelle deux de ces jeunes victimes, qui étaient abandonnées à côté d'un tas de décombres : les yeux exorbités, le corps martyrisé. Ce qu'il restait de leur uniforme gris-bleu était en lambeaux, taché de sang ; autour de la taille, ils avaient encore leur gourde, des grenades à main, des balles de fusil et un masque à gaz. C'était le lendemain de la reddition.

Et ma mère ? A-t-elle jamais aimé, ne serait-ce qu'un instant, ses enfants ?

Berlin, 1941. Quartier de Niederschönhausen

Vers six heures de l'après-midi, par une froide journée d'automne.

Ma mère me considéra avec une expression sévère.

« Aujourd'hui, tu dois être très forte, dit-elle, maman doit s'en aller. D'ici peu, tante Margarete viendra vous prendre. Vous irez dans la villa de ta tante – elle te plaît, la villa de ta tante, n'est-ce pas ? Et vous serez avec votre cousine Eva. Tu promets à maman d'être courageuse ?

— Je ne veux pas aller chez cousine Eva, pleurnichai-je. Elle me traite toujours de grosse vache et ne veut pas que je touche à ses poupées.

— Tu iras quand même ! s'impatienta ma mère. Et ton frère aussi. Vous serez courageux et vous ne ferez pas tourner en bourrique tante Margarete. Bref, pas d'histoires ! »

Son ton était expéditif.

« Et ne pleure pas ! m'ordonna-t-elle en voyant déjà ma bouche se déformer. Tu es toujours la même, tu ne peux rien faire sans pleurer ! »

Elle était tendue, nerveuse. Elle avait hâte de partir.

Atterrée, je m'efforçai d'obéir. Je pressentais qu'il allait se passer quelque chose de grave et d'irrémédiable. Je lorgnai la fenêtre, derrière laquelle l'obscurité menaçait. L'heure du couvre-feu.

Je détestais ces affreux rideaux de carton noir à enroulement qu'un jour un ouvrier, vieux et borgne (cadeau de la première guerre, expliquait-il), avait installés à toutes les fenêtres « sur décision du gouvernement ». Quand mon père, qui avait combattu dans la défense antiaérienne, revint du front, il affirma que cette histoire de black-out était ridicule : les escadrilles de bombardiers alliés étaient parfaitement en mesure, en suivant les instructions qu'elles recevaient de leurs bases, de repérer leurs objectifs même en volant à l'aveugle. Mais personne n'osait dire que le black-out de la ville était complètement inutile : exprimer une telle opinion en pleine guerre eût été considéré comme un acte de défaitisme.

Ma mère me donna un baiser sur la joue et s'approcha de la petite valise déjà prête, à côté de la porte d'entrée. Je fus prise de panique.

« Ne t'en va pas », implorai-je.

Elle se retourna et me fixa d'un air exaspéré.

« C'est comme ça que tu tiens tes promesses ? Tu avais promis d'être courageuse et tu ne fais que pleurnicher. Mais c'est parfaitement inutile, Helga : je dois m'en aller, ne me rends pas les choses difficiles. »

Je baissai la tête et, dans un effort héroïque pour « être courageuse », je serrai les dents pour ne pas éclater en sanglots.

Elle enfilait quelque chose de clair, un imperméable, je crois, et ses cheveux longs et ondulés lui retombaient de part et d'autre de son visage. Quand elle se baissa pour me donner un dernier baiser, d'instinct je m'agrippai des deux mains à ses cheveux. Je recommençai à supplier :

« Ne t'en va pas, maman, s'il te plaît, ne me laisse pas seule. »

Elle se redressa brusquement et siffla :

« Qu'est-ce que tu fais ? Tu tires les cheveux de maman ? Tu es toujours la même, rebelle et méchante ! Tu mériterais d'être punie. »

Mais elle n'en fit rien. Elle prit sa valise et, se retournant, dit en levant le doigt :

« Et, quand je franchirai la porte, ne réveille pas ton frère en te mettant à hurler, compris ? Tu me le promets ? »

Que de promesses à faire en l'espace de quelques minutes... Hébétée, je haussai les épaules.

« Ça va bien se passer. »

Elle s'en alla.

« Alors, *auf Wiedersehen, meine Kleine.* »

Je ne répondis pas. Ma mère referma la porte dans son dos. Seul mon cœur battait très fort. Je courus dans la chambre où dormait Peter.

Son sommeil était paisible, sa frimousse angélique encadrée par ces boucles blondes que je lui avais toujours enviées avec mes cheveux ficelle.

Je m'arrêtai pour le contempler, et une tristesse infinie m'envahit : je fus prise d'une crise de larmes irrépressible. Mes sanglots violents le réveillèrent : il ouvrit les yeux et, quand il se rendit compte que je pleurais, il se mit à hurler, debout, agrippé au bord de son petit lit. Je le pris dans mes bras. Il tremblait. Pendant un certain temps, nous restâmes serrés dans les bras l'un de l'autre, frissonnant, puis je retrouvai mon souffle, me dégageai et le sortis de là. Il avait besoin d'être changé. J'essayai de le porter dans la salle de bains, mais il s'y opposa farouchement : il voulait sa maman, c'était toujours elle, et elle seule, qui le changeait.

Au prix d'efforts considérables, je réussis à changer Peter. Il m'avait griffée partout. « Méchant », fis-je en le fixant exténuée, puis je me dirigeai vers la cuisine. Je regardai autour de moi, troublée et indécise. Je pris un siège, l'approchai de la fenêtre, soulevai le rideau de carton et lorgnai à l'extérieur.

La nuit était tombée, l'air était humide et piquant. Les rares voitures qui roulaient dans la Nordenstrasse avaient les phares éteints. Toutes les fenêtres des immeubles étaient noires et calfeutrées.

Mon petit frère trépignait dans la salle de bains. Il

était furieux et continuait d'appeler « maman » d'un ton tantôt implorant, tantôt impérieux.

Les yeux étincelants de larmes et de fureur, il finit par se présenter dans la cuisine. Il me regarda quelques instants d'un air incertain, puis se mit à donner des coups de pied à la crédence, accompagnant chaque coup d'un « maman ! » rageur. J'observai sa fureur avec un sentiment d'impuissance et de frustration.

« Arrête ! » essayai-je une ou deux fois de lui dire, mais il s'énerva encore plus.

Je laissai tomber. Il s'en lassera à la longue, pensai-je, et se rendormira. Je ne voyais pas l'heure.

Au bout d'un certain temps, quelqu'un sonna. J'entendis crier de l'extérieur :

« Qu'est-ce qui se passe ? C'est le couvre-feu ! Pourquoi y a-t-il une fenêtre ouverte ? »

Je reconnus la voix de la voisine et allai à la porte. Elle me considéra, perplexe.

« Que se passe-t-il, Helga ?

— Maman est partie, répondis-je en recommençant à pleurer.

— Comment ça, partie ? »

Je haussai les épaules.

Elle secoua la tête, incrédule. Elle entra et ferma aussitôt la fenêtre et le rideau.

« Qu'est-ce qui t'a pris d'ouvrir ? Tu ne sais pas qu'on pourrait te dénoncer ? me gronda-t-elle, puis elle se pencha vers moi : « Helga, où est ta maman ? Ne me dis pas des mensonges.

— Elle est partie », répétai-je, effrayée.

Elle continua de me fixer ; subitement, elle avait pris une autre expression, étrange.

« Qu'est-ce qu'elle t'a dit quand elle est partie ? » demanda-t-elle doucement.

Elle n'était pas vieille et elle avait une tresse enroulée autour de la tête.

« Elle m'a dit d'être courageuse. Elle avait une valise et elle est partie. Elle a dit que tante Margarete viendra nous chercher.

— Ah, tante Margarete... », reprit en écho la dame, toujours avec cette expression de désarroi, songeuse.

Elle esquissa un sourire, comme pour me rassurer, puis prit dans ses bras mon frère, qui entre-temps s'était calmé.

Quelques minutes plus tard arriva tante Margarete. La voisine alla à sa rencontre, préoccupée et inquiète.

« Helga dit que sa maman est partie. Qu'est-ce que c'est que cette histoire ? »

Tante Margarete confirma.

« Malheureusement, c'est vrai », fit-elle sans s'étendre.

Elle ramassa à la hâte nos affaires et nous emmena avec elle dans sa villa de Tempelhof. Elle était riche, tante Margarete. Son mari, un comte, était à la guerre, mais dans la villa, que fréquentait la meilleure société berlinoise, il ne manquait de rien : sa table était toujours bien garnie, tandis que, dehors, les gens ordinaires mouraient de faim. Notre cousine Eva nous traitait de pauvres, Peter et moi, et elle refusait qu'on touche à ses jouets.

Au bout d'un certain temps, informée de la situation par notre tante, ma grand-mère arriva de Pologne et décida aussitôt de nous prendre avec elle.

« Je ne veux pas que mes petits-enfants grandissent ici avec toi, dit-elle à sa fille sans y aller par quatre chemins. Tu me les gâterais, tu me les transformerais en petits snobs arrogants et dédaigneux. »

S'ensuivirent de longues et âpres discussions, mais

c'est grand-mère qui eut gain de cause ; elle s'installa avec nous dans l'appartement de Niederschönhausen.

Où nous restâmes jusqu'à ce que, moins d'un an après, mon père se remariât avec Ursula, la jeune Berlinoise. Et pour moi commença l'enfer.

Long moment de silence. Une fois encore, je sens la tension des adieux imminents. Tension inexplicable, incongrue : je ne me suis peut-être pas passée de ma mère toute ma vie ?

Je détache mes yeux de la fenêtre et croise son regard.

« À quoi penses-tu ? »

Cette fois, elle a le ton d'une mère préoccupée, soucieuse.

Les deux heures écoulées m'ont rendue méfiante. J'ai appris à ne plus me laisser entraîner dans le tourbillon frénétique de ses changements de rôle.

« À quoi penses-tu, Mausi ? »

Ce diminutif d'un autre temps touche une partie très vulnérable de mon âme, mais elle parle aussitôt d'autre chose.

Elle appuie son index décharné sur sa joue et demande, d'une voix presque caressante :

« Viens faire un baiser à ta vieille Mutti. »

J'ai l'estomac en travers de la gorge.

Je vais l'embrasser.

Elle a l'air vraiment émue, sèche une larme.

« Ta seconde mère, elle t'embrassait ? interroge-t-elle soudain.

— Non, fis-je laconiquement.

— Jamais ? »

Je secoue la tête.

« Non, jamais. »

La voici qui s'agite, au bord des larmes.

« Vous deviez rester chez la mère de Stefan. Ce n'est

pas qu'elle m'ait été sympathique ; elle a été une méchante belle-mère. Mais ça aurait peut-être été mieux que cette... cette... »

Elle fait la grimace.

« Tout a été la faute de Hilde », conclut-elle avec hargne.

Elle se lève, s'approche de la fenêtre. Il s'est arrêté de pleuvoir, mais le ciel est encore chargé et couvert.

« Hilde, Hilde !... lance-t-elle en tapant mollement du poing sur la vitre. Si seulement une bombe lui était tombée sur la tête ! gémit-elle. Elle n'aurait pas pu aller à la galerie et acheter *Lions dans la savane* ! »

Elle retourne s'asseoir dans le fauteuil, et, quand elle pose les yeux sur moi, je vois qu'elle est dévorée d'une curiosité mauvaise.

« Qu'est-elle devenue ? » s'enquiert-elle.

Décidément, cette dame l'obsède.

« Qui ça ? demandé-je à mon tour, histoire de gagner du temps.

— Hilde. Elle ne s'est jamais mariée ? »

Elle est très attentive, avide de savoir.

« Non. Quand nous avons été rapatriés en Autriche, Hilde nous a accompagnés, elle a suivi sa sœur pour s'installer près d'elle.

— Qu'est-ce qu'elle faisait ?

— Elle avait créé une petite entreprise. »

Elle part d'une petit rire sec, crépitant.

« Eh oui, la mauvaise herbe ne meurt jamais ! »

Je ne lui dis pas que Hilde est morte maintenant depuis de longues années. Je n'en ai pas envie.

Elle songe.

« Ah, ça oui, pour être efficace, elle l'était. C'est pour ça qu'elle travaillait avec Goebbels. Tu peux être sûre qu'avec lui les incapables avaient la vie brève.

Lui-même, du reste, était un monstre d'efficacité. Cet homme était un génie. »

Elle paraît penser à autre chose, lance un coup d'œil à son verre vide.

« Je veux un autre jus de pomme, déclare-t-elle. Appelle Fräulein Inge. »

Mais je ne supporte pas que soient ainsi gaspillées les dernières minutes de notre entretien.

« Moi, je l'ai vu, Goebbels. »

Je lui lance un appât auquel elle mord aussitôt.

« Vraiment ? Quand ? »

Je réfléchis.

« C'était... euh... papa était déjà marié avec... »

Elle m'interrompt brusquement :

« Épargne-moi les détails ! »

Encore une fois, cette absurde jalousie. Cinquante-sept ans après.

Pendant quelques instants, elle fait la tête, puis sa curiosité reprend le dessus.

« Réellement ? Tu l'as vu ? Où ça ?

— Au ministère de la Propagande, sur la Wilhelmsplatz. Je me souviens de tous les drapeaux qui flottaient sur la façade des immeubles...

— Et ensuite ?

— Hilde nous a conduits dans son bureau. C'était une vaste pièce, très lumineuse. Il m'a paru grand et austère...

— Goebbels n'était pas grand, objecte-t-elle.

— Non, mais j'étais une enfant et je devais lever les yeux pour le regarder en face. Il était grave. Il m'a à peine effleurée du regard et s'est aussitôt tourné vers Peter. Il a tendu la main comme pour lui faire une caresse, et Peter a détourné la tête. Alors, seulement, il a esquissé un demi-sourire. Et il n'a daigné me prêter davantage attention que lorsque Hilde lui a dit que je m'appelais Helga, comme sa fille aînée. »

Ma mère se passe rapidement la langue sur les lèvres : automatisme typique des vieillards. Chaque fois qu'elle le fait, je ne peux réprimer un mouvement de nausée, de dégoût.

« Et après, me harcèle-t-elle, que s'est-il passé ? »

On dirait qu'elle attend l'épilogue d'une fable.

« Ma... »

Je m'interromps. Mieux vaut éviter de nommer encore la marâtre.

« Bref, ils nous ont donné des tickets de rationnement supplémentaires.

— Et Goebbels ne vous a rien dit d'autre ?

— Je ne m'en souviens pas. Les grands parlaient entre eux. Ah si, je me rappelle qu'il y a eu un coup de fil et que nous sommes partis sans même pouvoir le saluer. »

Ce n'est pas vrai. L'histoire du coup de fil est une pure invention.

« Et les tickets ?

— Ursula les a reçus d'une employée. Une toute petite, ça me revient. Une petite à l'air austère qui appelait Hilde “Fräulein” avec une certaine déférence.

— Et ensuite ?

— C'est tout. Nous nous sommes retirés. Hilde est restée parce qu'elle avait encore du travail. Nous sommes rentrés à la maison juste à temps pour courir au refuge. L'alarme a sonné pile à l'angle de la Friedrichsruherstrasse. »

Son regard s'éteint, et la distance entre nous devient de nouveau infinie. Il suffit de peu de chose pour la replonger dans ce qui fut « son temps ».

Elle murmure à part elle :

« Goebbels était un génie, mais en tant qu'homme,

il ne me plaisait pas. Hilde, au contraire, en était gâteuse, j'ai toujours été convaincue qu'elle en était secrètement éprise... »

Encore une de ses obsessions, naturellement. Son regard me traverse sans me voir, perdu dans le passé.

Immédiatement après la guerre, à Berlin, il nous fut explicitement interdit, à mon frère et à moi, de mentionner Hitler ou Goebbels. « Dorénavant, il faut regarder devant nous, disait-on, le passé est passé, maintenant commence le futur. »

Mais quel futur ? Je revois clairement le Berlin de 45. Nous autres, enfants, jouions au milieu des décombres, tandis que les adultes, déconcertés, cherchaient péniblement, comme guidés par un instinct animal, à pourvoir aux nécessités quotidiennes, à se procurer une miche de pain, une ration de lait, un carreau pour la fenêtre... Non, en ce temps-là, les Berlinois n'avaient pas d'yeux pour le futur ni de place pour la mémoire.

Ce n'est donc qu'en 1949 que j'entendis ma tante Hilde parler de Goebbels. Était-elle amoureuse de lui ? Je ne saurais le dire. Elle eut, certes, pour lui des mots d'affliction, qui trahissaient une grande émotion.

C'était Noël. Papa, Ursula, Peter et moi avions été rapatriés en Autriche l'année précédente – mon père était né à Vienne –, et nous nous étions installés provisoirement dans la maison de mes grands-parents paternels à Attersee, dans le Salzkammergut. Les grands-parents étaient eux aussi revenus de Pologne, il y avait environ un an. Hilde avait quitté Berlin pour passer les fêtes de Noël avec nous. Elle venait d'enterrer mon Opa chéri.

Ce fut le soir de la veillée. Après le repas, grâce également à cette bouteille de vin, la conversation se fit plus animée. Seule tante Hilde semblait devenir toujours plus grave et mélancolique, jusqu'à finir par éclater en sanglots libérateurs. J'en restai stupéfaite. Je me souvenais d'elle à Berlin, toujours si dure, réservée et un peu distante.

Après cet épanchement, elle se mit à évoquer le bon vieux temps, quand la défaite nazie était encore loin et qu'elle travaillait aux côtés de Goebbels au ministère de la Propagande.

Je l'écoutais, fascinée. Malgré tout, j'avais encore Berlin dans le cœur. Dans son récit, c'est surtout la description de la dernière fois qu'elle avait vu son chef qui m'impressionna.

Berlin, 21 avril 1945

Goebbels avait convoqué un petit groupe de fidèles entre les fidèles, les personnes les plus proches de lui, dans la salle de projection privée de sa villa du Tiergarten, où il avait l'habitude de présenter à ses hôtes exclusifs, dont assez souvent le Führer lui-même, les films de propagande antisémite qu'il commandait à l'industrie cinématographique allemande, de laquelle il était le patron incontesté. Ce matin-là, cependant, le cadre était dépouillé et glacial, les fenêtres avaient été murées, de faibles lampes répandaient une lumière blafarde et de l'extérieur pénétrait la clameur assourdissante de la bataille.

Goebbels arriva en retard. Il était méconnaissable, avec sa barbe longue et ses airs de possédé. On aurait dit un spectre. Avant même d'être submergée par l'angoisse, Hilde éprouva de la peine pour lui.

Plutôt que de donner les habituelles instructions pour la journée, Goebbels se mit à hurler et à invectiver le peuple allemand, qui n'avait pas su se montrer à la hauteur de son Führer. Le lendemain 22 avril, en costume de « commissaire du Reich pour la défense de Berlin », il aurait menacé de la cour martiale quiconque oserait brandir un drapeau blanc.

Hilde ne devait plus jamais le revoir. Quelques jours plus tard, elle apprit son suicide. Il s'était donné la mort, emportant avec lui sa femme et ses six enfants. Elle en resta bouleversée, plus encore que par la fin de Hitler lui-même.

Ce que Hilde voyait dans son chef, je ne saurais le dire. Certes, à cette occasion, elle ne prononça pas un seul mot qui ressemblât à une critique à son égard. Tout au plus, se souvenait-elle de petites attentions à l'occasion d'une fête ou de l'anniversaire de l'un ou l'autre de ses employés. Mais quels qu'aient pu être les sentiments qui l'animaient, ils sont partis avec elle.

Ma mère est en train de ruminer je ne sais quoi.

« Peter s'est détourné, répète-t-elle, songeuse. Qui était Peter ?

— Ton fils », lui expliqué-je encore une fois.

Il s'est écoulé à peine plus d'une heure depuis que nous en avons parlé, mais elle a déjà complètement oublié. Elle est de nouveau dans le flou, le regard brouillé.

« Lequel ? »

Elle fouille sa mémoire, plisse le front.

« Tu n'as qu'un seul fils.

— Ah oui... », admet-elle d'une voix faible.

Mais on voit bien qu'elle n'est pas convaincue, qu'elle tâtonne dans sa zone d'ombre. Je me risque :

« Tu ne penses jamais à lui ? Tu ne penses jamais à ton fils ? »

Elle baisse la tête.

« Je ne sais pas... Et ça fait si longtemps qu'il est mort. »

Même maintenant, cependant, son ton est hésitant, presque interrogatif. Compte tenu de tout ce qui s'est passé, je crains sa réaction, mais je voudrais la pousser à accepter la réalité. J'ignore le coup de coude d'Eva qui tente de me faire renoncer.

« Ton fils est vivant », lui dis-je doucement, d'un ton persuasif, comme si je parlais à une enfant.

Son regard est vide.

« Ce n'est pas vrai », répond-elle sèchement.

Et la scène, comme dans mes pires prévisions, se répète. Ma mère se prend le visage entre les mains et se met donc à gémir :

« Mon fils est mort depuis si longtemps... Ne me raconte pas de mensonges... Il ne faut pas m'effrayer... »

Elle est si vieille, si fragile. Encore une fois, malgré moi, elle m'attendrit. Je suis sur le point de partir et j'ai peur de ne pas réussir à rompre les liens qui m'unissent à elle. Et ce n'est pas faute d'avoir essayé, mille fois, de mille façons différentes. Jusqu'à renier ma langue maternelle.

Peu de temps après ma visite à Vienne, en 1971, je rencontrai à Bologne une compatriote qui, naturellement, se mit à s'adresser à moi en allemand. Il me suffit de quelques phrases pour m'apercevoir que je n'étais plus en mesure de parler couramment et correctement ma langue. J'en restai atterrée. Comme de se rendre compte qu'on a perdu un membre sans avoir ressenti aucune douleur. Ainsi qu'en pleine guerre, quand une jambe est arrachée et que le blessé continue à courir jusqu'à ce qu'il tombe et comprenne alors seulement pourquoi il ne tient plus debout.

Ce n'est qu'après avoir cherché et retrouvé, plus de

cinquante ans après, ma cousine Eva, qui ne connaît pas l'italien, que j'ai été contrainte de récupérer ma langue maternelle. Mais ça n'a pas été une mince affaire : comme s'il m'avait fallu gravir à quatre pattes, marche après marche, un escalier haut et escarpé.

Je regarde ma mère : si lointaine, si inconnue, si incompréhensible, si irritante. Si désarmante, parfois.

Elle lève la tête et se fait implorante :

« Ne me laisse plus seule, plus jamais. Tu dois revenir. Tu dois revenir tous les jours. Je suis ta Mutti et personne ne me veut du bien. Personne ne me fait de baiser. Toi, tu m'as donné un baiser et je veux que tu reviennes. Parce que tu es ma Mausi à moi. »

Et elle me regarde avec, dans les yeux, une lueur que je n'hésiterais pas à qualifier d'affectueuse chez toute autre femme.

« Ma petite Mausi », répète-t-elle avec un sourire doux et tendre.

Mais ça ne dure qu'un instant. La voilà de nouveau rusée, perfide.

« Dommage que tu sois si vieille, siffle-t-elle. Ça ne me plaît pas d'avoir une fille âgée. Ça me fait paraître décrépite. Par chance, Peter est mort, je n'aurais pas supporté d'avoir un fils aussi vieux ! »

Elle soupire.

« Mais, vieille ou pas, tu dois revenir quand même. Mes compagnes ici ont des enfants plus jeunes. Dommage. »

Quelque chose en moi se glace. Elle nous a déjà assez persécutées, Eva et moi, avec cette histoire de vieillesse. Mais maintenant, ça suffit, me dis-je. Elle doit s'arrêter.

Je suis blessée et anéantie. Elle ne mérite rien, elle est cruelle, insensible, menteuse. Elle est tout simplement vulgaire. Je n'aurais pas dû venir. Je n'aurais pas dû écouter les mots de Frau Freihorst.

Pourquoi me suis-je précipitée à Vienne ? Peut-être parce que, malgré tout, je ne parviens pas à la haïr, cette mère qui n'est pas une mère.

Fais-toi haïr, mère !

Fais-toi haïr. Ce serait la solution idoine. Dis quelque chose d'immonde sur les Juives placées sous ta garde à Birkenau, sur les Juives que tu menais à la baguette, sur qui tu avais droit de vie et de mort. Le démon qui me possède me suggère la bonne tactique. Je lorgne ostensiblement l'horloge. Elle mord aussitôt.

« Tu ne pars pas déjà ?

— L'heure des visites est bientôt terminée.

— Je veux que tu restes ! »

Bien, parfait. Je réponds, en simulant le regret :

« Il y a encore tant de choses que j'aurais voulu savoir de toi, mais tu ne parles pas beaucoup. Tu ne parles pas beaucoup et tu t'arrêtes toujours en plein milieu. Ce n'est pas bien de rendre visite à sa mère et de ne pouvoir parler avec elle. »

Elle s'inquiète, se lève, gesticule.

« Mais je veux parler !

— Il se fait tard...

— Si je dis autre chose, tu resteras encore ? »

Elle me fixe, implorante. Je demeure dans le flou :

« Peut-être.

— Qu'est-ce que tu veux savoir ? »

Elle doit y arriver toute seule.

« Birkenau ? » insinue-t-elle.

Mais, au fond, c'est aussi le sujet qui l'attire le plus. Sa carrière, sa foi, ses convictions inébranlables...

« Si tu veux..., dis-je d'un ton innocent. Par exemple... oui, j'aimerais savoir quel rapport tu avais avec les détenues de ton bloc. »

Elle hésite à peine quelques secondes. Un instant circonspect, son regard devient glacial.

« Quel rapport voulais-tu que j'aie avec des sujets que notre gouvernement tenait pour inférieurs ? Inférieurs et dangereux, c'est bien pour ça qu'on les enfermait dans les camps. Aucun rapport, sinon celui qu'on peut avoir avec un ennemi odieux. »

Bien, bien, me dis-je, mais ce n'est pas encore suffisant. Je me risque :

« Tu pensais cela uniquement parce qu'on t'imposait de le penser ? Ou étais-tu personnellement convaincue, toi aussi, que les Juifs étaient des êtres inférieurs ? »

Elle hésite, me regarde dans les yeux.

« Tu veux la vérité ?

— Oui. »

Elle demeure quelques instants immobile et silencieuse, puis elle se penche vers moi et me sourit.

« Mausi... », murmure-t-elle presque avec déférence.

Elle est trop proche, elle me procure une sensation de gêne, de dégoût, je dois l'admettre. Je sens son haleine, son haleine de vieille légèrement acide.

Par chance, elle se redresse, croise les mains sur ses genoux pointus et dit, dans un seul souffle :

« Si tu veux savoir la vérité, moi, ces Juives, je les détestais. Elles m'inspiraient une aversion presque physique, ça me donnait la nausée de voir toutes ces faces de perverses, ces faces de race inférieure. Et elles étaient unies, elles se protégeaient mutuellement ! Elles arrivaient à cacher les malades pour éviter qu'elles ne finissent chez Klahr. Eh oui, ma petite Mausi, je les détestais, ces maudites Juives. Une sale race, tu peux me croire. Pff... »

J'ai eu ce que je voulais. Je suis pétrifiée, et peut-être cela se lit-il sur ma figure. Elle me lance un regard mal assuré.

« J'ai été sincère, déclare-t-elle, ne va pas penser du

mal de moi. Pour un SS, haïr les Juifs était un devoir imprescriptible, tu comprends ? »

Elle cherche à expliquer l'inexplicable.

« Pourquoi, on peut haïr sur commande ? demandé-je avec une sorte d'ironie douloureuse.

— Si on est convaincu du bien-fondé, certainement, répond-elle avec le plus grand sérieux.

— Du bien-fondé ?

— Des raisons pour lesquelles il fallait liquider le peuple juif. »

Je renonce à approfondir :

« Pourquoi les détenues avaient-elles peur de finir chez ce... Klahr, comme tu as dit ? »

Retrouvant sa dureté, elle confirme :

« Oui, j'ai dit Klahr. Oh, tout le monde craignait Klahr, elles en avaient une peur bleue.

— Qui était-ce ?

— Un médecin. Disons... un infirmier spécialisé.

— Et pourquoi faisait-il peur ?

— C'était celui des injections.

— Quelles injections ? »

Elle a un geste sec et décidé, comme pour transpercer quelqu'un en plein cœur.

« Qu'est-ce que tu veux dire ? »

Elle inspire et répond, d'un air indifférent :

« Si une détenue finissait au *Revier*, à l'infirmerie, ou au bloc hospitalier, et contractait une maladie grave, on ne faisait pas d'histoires.

— C'est-à-dire ? Explique-toi mieux.

— On lui faisait une injection.

— Quelle injection ?

— Une petite piqûre d'acide phénique en plein cœur. Et hop ! »

Elle répète l'horrible geste.

« Tu sais ce que c'est, l'acide phénique ? »

Je sais ce que c'est, l'acide phénique. Pas très précisément, mais je le sais. Pourtant, je n'ai pas le temps de me ressaisir que revient Fräulein Inge.

« C'est presque l'heure du déjeuner », rappelle-t-elle gentiment à ma mère.

Mais celle-ci hurle :

« Aujourd'hui, je ne mange pas ! »

Fräulein Inge acquiesce complaisamment.

« D'accord, nous verrons plus tard.

— Combien de temps nous reste-t-il ? m'informé-je.

— Avant que tous aient pris place et qu'on serve la soupe, encore une demi-heure, répond-elle aimablement. Je viendrai chercher votre mère au dernier moment.

— Je n'y vais pas ! hurle-t-elle de nouveau.

— Je sais », répond la Fräulein en m'adressant un petit clin d'œil.

J'admire sa patience.

J'ai donc encore une demi-heure. Je la regarde. Je suis convaincue qu'elle m'aura vite oubliée, peut-être dès ce soir. Comme elle a dû le faire en 1971. Moi aussi, d'ailleurs, j'ai fait mon possible pour la chasser de mes pensées.

Quel triste couple nous formons, mère. Quelle absurdité nous lie. Nous nous enterrons mutuellement.

« Tu restes encore un peu ? » me demande-t-elle avec une larme qui perle à l'angle de son œil droit.

Sa voix est parfois si triste, si humble.

« Oui.

— Je ne veux pas manger, reprend-elle. Je veux que tu restes encore avec moi. Tu restes encore longtemps ?

— Je reste encore... un peu, fais-je vaguement.

— Encore deux heures, pleurniche-t-elle. Et tu m'appelles une nouvelle fois Mutti ? »

D'un signe, Eva me demande de la contenter. Je suis épuisée. Nauséeuse. Je le dis.

« Mutti. »

Mais ce mot ne réveille en moi aucun écho.

Chez elle, il produit au contraire une grande scène d'émotion. Elle éclate en sanglots, m'envoie des baisers larmoyants du bout des doigts. Puis, brusquement, elle se lève et vient me donner un baiser sur le front.

« Merci », marmonne-t-elle d'une voix cassée.

Elle regagne son fauteuil, lisse sa robe sur ses maigres cuisses, se calme. Peu à peu, son regard redevient lointain.

J'ai une sensation d'étourdissement : maintenant, cette distance nouvelle, foudroyante, entre nous m'angoisse. Je cherche à la ramener à moi. Pour la énième fois, je l'exhorte :

« Parle-moi un peu de toi. Comment passes-tu tes journées ? »

Mais ma tentative n'a pas de succès. D'un geste d'impatience, elle éclate :

« J'attends que la nuit tombe.

— Pourtant, Frau Freihorst vient souvent te tenir compagnie, n'est-ce pas ?

— Gisela ? fait-elle sur un ton légèrement méprisant. Elle vient seulement parce qu'elle s'ennuie sans moi. »

Avec moi comme avec Fräulein Inge, elle renie son amie, sa seule amie.

« Moi aussi, je m'ennuie ici, ajoute-t-elle. Quand j'étais jeune, la vie était plus passionnante. »

Elle pince les lèvres, fouille dans ses souvenirs.

« Au début, c'était bien avec Stefan. En Pologne, on se promenait à cheval et il peignait des couchers de soleil. »

L'expression se fait amère.

« Ensuite, ça a changé... Sa mère me détestait. Et son père également. Mon beau-père était encore pire que ma belle-mère, il m'injuriait... Il m'appelait *Naziweib*, “la nazie”. Ma grand-mère ne me harcelait pas trop, mais, après la naissance de la petite, elle est devenue insupportable. »

L'espace d'un instant, elle paraît s'arrêter, et puis elle repart aussitôt :

« À Birkenau, au contraire, le temps passait vite. J'avais beaucoup de pain sur la planche, oui, beaucoup. Mais ne va pas imaginer qu'on ne me donnait pas aussi des heures de liberté. Et j'en profitais pour aller jeter un coup d'œil à l'atelier d'orfèvrerie où travaillaient les détenus. C'était très intéressant. Je me suis fait faire une breloque avec des lettres. »

L'atelier d'orfèvrerie. L'or des Juifs. Également celui de leurs dents.

« Tu ne veux pas savoir ce que j'y ai fait graver ? » demande ma mère.

J'acquiesce mollement.

« Heidkempe, répond-elle sèchement.

— Heid... kempe ? Qu'est-ce que ça veut dire ?

— Tu ne devines pas ?

— Non. Pas vraiment.

— Ça commence par He, tu comprends ? Helga. Ça continue avec les initiales de Ida, Krista, Emilie... et ça finit par Pe... »

Elle s'arrête. Je suggère :

« Peter ? »

Elle s'effarouche :

« Qui est-ce ?

— Ton fils, dis-je, épuisée.

— Mon... (Elle se passe une main sur le front.) Oui. »

Ensuite, elle recommence son habituelle litanie :

« Mais il est mort depuis si longtemps. »

Elle reste un instant pensive, puis reprend :

« Un *Lagerführer* s'est fait faire une nef viking toute en or. Une nef haute de quarante centimètres. »

Elle laisse échapper un petit rire.

« C'était un cadeau, tu comprends ? Un cadeau pour le cinquième anniversaire de son fils. »

Elle poursuit sans difficulté, martèle les souvenirs avec clarté. Elle se rappelle bien ce qu'elle veut se rappeler. Elle a une mémoire étonnamment sélective

« Au camp, une de mes amies s'est fait faire un cadre en or, elle voulait y mettre la photo de ses parents, continue-t-elle, mais elle a été empoisonnée. Empoisonnée par deux détenues juives. Deux sales charognes juives. Elles cherchaient à se venger de je ne sais quoi, ces putains. Naturellement, elles ont été démasquées et elles ont fini devant un peloton d'exécution. Toutes nues. Mais, avant, elles avaient passé quinze jours dans le bunker disciplinaire. Un petit bunker pour punitions spéciales. Elles étaient dans le noir avec des rats grands comme des chats qui ont failli les manger vivantes. Quand elles en sont sorties, elles étaient folles de terreur et il leur tardait de recevoir une balle dans la nuque. »

Elle a parlé, les dents serrées, avec une haine qui ne cesse de bouillonner comme un magma incandescent.

Je vis un atroce dédoublement. Une partie de moi est paralysée d'horreur ; l'autre, comme sous hypnose, continue à demander, veut savoir.

« Tu as dit Heidkempe... De qui étaient les noms du milieu ? C'étaient Ida, Krista et...

— Emilie, répond-elle d'une voix limpide.

— Qui étaient-ce ?

— Mes sœurs. »

Mes tantes, par conséquent. J'aurais eu le droit de les connaître, comme de connaître mes grands-parents maternels. Il y a tant de choses que tu m'as refusées, mère.

« Mais elles aussi, elles ont disparu, observe-t-elle sans nostalgie. Je n'ai plus personne. Juste les pensionnaires de cette caserne. Oui, cette caserne. Ici, ils sont tous insupportables, y compris Fräulein Inge. Je la déteste. Et moi je suis très seule et je n'ai pas d'amies. Je n'ai plus personne.

— Tu as ton amie Gisela, essayé-je de nouveau de lui rappeler.

— Gisela ? »

Ma mère la renie pour la troisième fois.

« Elle ne compte pas. »

Une pensée me foudroie. Qu'en moi, dans mes gènes, il y a quelque chose de cette femme. Je ressens de la répulsion, du dégoût, mais déjà elle réclame mon attention. Les souvenirs se bousculent.

« Écoute ça ! Tu sais qui j'ai rencontré un jour au camp ? La femme d'un marchand de tissus qui avait sa boutique à Niederschönhausen. Tu te souviens de cette grande vitrine pleine de pièces enroulées ? »

Non, je n'en ai aucun souvenir. Je secoue la tête.

« Il se nommait Guldenmann, se rappelle-t-elle, et sa femme Emma. C'est nous qui les avons évacués. Lui a été envoyé dans un *Aussenlager* et elle à la blanchisserie du camp. C'est moi qui l'avais dans mon bloc. Tu n'y croiras pas, mais, la nuit, elle ne dormait jamais, elle ne cessait de pleurnicher sur ses trois enfants qui, à peine arrivés sur la rampe, avaient été dirigés vers le bunker.

— Le bunker ?

— C'est comme ça qu'on appelait l'installation de gazage. »

Elle le dit avec le plus grand naturel.

« Ça ne t'impressionnait pas ? »

Ma voix a du mal à sortir de la gorge.

« Quoi donc ? »

Elle écarquille les yeux, le bleu devient presque blanc.

« Cette installation...

— Non, répond-elle avec calme et assurance. Quand j'avais décidé de suivre la *Härteausbildung*, je savais parfaitement pour quelle raison je le faisais. Pour être en mesure de ne pas me laisser entraîner par la réalité d'un camp de... »

Elle me lance un coup d'œil prudent. Par une étrange forme de délicatesse à mon égard, mais peut-être me fais-je des illusions, elle n'a pas prononcé le mot « extermination ». Je suis un peu étonnée. Au demeurant, il est bizarre que cette expression lui échappe. Ce n'est pas ainsi qu'« ils » les appelaient. Je murmure :

« Je me suis parfois demandé...

— Quoi donc ? » fait-elle avec sollicitude.

Je me dis : finissons-en ; d'ici peu, nous devrons nous dire au revoir.

« Qu'est-ce que tu t'es demandé ? » insiste-t-elle.

Elle se redresse sur son fauteuil, arbore cet air prévenant et disponible dont j'ai maintenant appris à me méfier. Mais je ne peux pas ne pas répondre.

« Je me demandais... Combien de temps... combien de temps fallait-il pour que les victimes des chambres à gaz... »

Je suis incapable de continuer.

« Il fallait entre trois et quinze minutes pour que le gaz fasse son effet, réplique-t-elle sur un ton technique et détaché.

— Et c'est vrai qu'à partir d'une certaine période le temps d'exposition a été réduit ?

— C'est si important ? fait-elle, subitement soupçonneuse.

— Oui, je voudrais le savoir. »

Elle hausse les épaules, son regard devient opaque.

« Je ne saurais dire, lance-t-elle, évasive.

— Tu ne le sais pas ou tu ne veux pas répondre ? »

Elle soupire.

« D'ailleurs, cette mesure était devenue presque indispensable.

— Alors, elle a été abrégée ?

— Quoi donc ?

— La durée d'exposition au gaz ?

— Eh bien, il fallait liquider douze mille *Stücke* par jour, ils avaient augmenté le quota. »

J'en reste muette.

« Qu'est-ce que tu penses ? » veut-elle savoir.

Je secoue la tête, réticente.

« Qu'est-ce que tu penses ? »

Elle insiste en se passant de nouveau la langue sur les lèvres, dans ce geste à la fois si naturel et si répugnant.

Je dis :

« Donc, il pouvait arriver qu'en ouvrant les portes des chambres à gaz, certains ne soient pas encore morts. »

Elle se raidit, les yeux de nouveau impénétrables.

« Mais qu'est-ce que tu vas imaginer ? !

— Avoue, si tu en as le courage. »

Je la harcèle, d'une voix soudain devenue rauque.

« Je ne sais pas. »

Je me lève. Elle aussi.

« Qu'est-ce que tu fais ? Je ne vais pas manger, pleurniche-t-elle.

— Dans le hall, nous avons vu l'horaire des visites. C'est bientôt terminé. »

Elle soupire. Elle a maintenant le visage tendu et inquiet, change continuellement d'expression.

« Oui, ça pouvait se produire, déclare-t-elle sans desserrer les lèvres.

— Que quelqu'un ne soit pas encore mort ?

— Eh bien, oui ! s'écrie-t-elle, impatiente et exaspérée. Ça arrivait souvent avec les enfants. Parfois, ces petits *Miststücke* résistaient mieux à la mort-aux-rats que les adultes », ajoute-t-elle avec un petit rire sarcastique.

Je me détourne de cette grimace moqueuse et lance un coup d'œil à ma cousine. Mais elle ne me répond pas.

Il y a une pause, pourtant je me sais désormais incapable d'arrêter. Je perçois en moi une sorte de fièvre, une agitation qui ne me laisse aucun répit.

« Alors, ceux qui n'étaient pas encore morts finissaient avec les cadavres au crématorium, y compris les enfants ? »

La sueur perle sur mon front.

Son regard se fait glacial, distant.

« Je ne sais pas », répond-elle, hostile.

Je deviens à mon tour agressive :

« Comment, tu ne sais pas ? Je croyais qu'au camp tu étais considérée comme une personne influente et que tu étais tenue au courant de tout ce qui se passait. »

Le truc fonctionne.

« Tout le monde me respectait, réplique-t-elle. J'étais quelqu'un d'important, moi !

— Donc, tu étais informée de la vie du camp ?

— Oui. (Elle rectifie :) Suffisamment.

— Et tu ne savais pas qu'on envoyait parfois au crématorium quelqu'un qui n'était pas encore mort ? »

Elle écarquille les yeux et fixe le vide. Ce vide, c'est son passé. Son unique ressource en cette fin de vie. Elle n'a rien d'autre, elle ne s'est rien construit d'autre.

À cet instant, elle paraît très vieille, épuisée. Elle me regarde et demande d'un air désolé :

« Qu'est-ce que tu attends de moi ? Je suis si fatiguée. »

Je ne cède pas. Et je rétorque durement :

« Comme ça, tu ne veux pas me dire ?

— Te dire quoi ? gémit-elle.

— Si des gens encore vivants étaient jetés avec les autres cadavres au...

— Au *Krema* ?

— Le Krema ?

— C'est comme ça qu'on appelait le crématorium. »

Elle réfléchit, me jette un regard en coin et prend son souffle comme si elle s'apprêtait à plonger.

« Oui, ça pouvait arriver », finit-elle par admettre avec un soupir de résignation.

Et elle poursuit, de l'air de quelqu'un qui ne parle que parce qu'il a pistolet braqué sur la tempe :

« D'ailleurs, tout le monde ne meurt pas à la même vitesse, certains résistent davantage au gaz. Et puis c'est aussi une question d'âge, non ? Les nouveau-nés ne mettaient que quelques minutes, on en retirait certains qui étaient littéralement bleu électrique... »

Elle s'arrête parce qu'elle s'est remise à trembler de la mâchoire. Son regard s'assombrit. D'une main mal assurée, elle cherche à arrêter ce tremblement, à empêcher le lugubre claquement des dents. C'est un spectacle pénible.

Je me lève pour faire quelques pas. Je m'approche d'abord du téléviseur, puis d'une belle plante ornementale. Mécaniquement, je caresse une grande feuille dure et luisante.

« Méchante ! » me lance ma mère depuis son fauteuil, avant d'être secouée d'une crise de larmes violentes et convulsives.

Je suis prostrée. Je consulte l'heure avec angoisse. Ce geste semble lui être insupportable.

« Et ne regarde pas tout le temps cette horloge, hurle-t-elle, je ne veux pas que tu t'en ailles ! »

Elle continue à pleurer, quoique plus doucement. Je ne sais que dire. Il est hors de question de revenir au dernier sujet. Je ne veux plus rien ajouter. Je suis comme vidée.

La dernière chose à laquelle je me serais attendue, c'est bien la question qu'elle m'adresse de but en blanc :

« Tu n'avais pas un fils ? »

Je tombe des nues.

« Tu t'en souviens ?

— Vaguement... Il était petit.

— Oui, je te l'ai amené quand je suis venu te trouver ici, à Vienne, en 1971.

— Toi, à Vienne ? Avec ton enfant ? Quand ?

— Il y a vingt-sept ans.

— Vingt-sept..., répète-t-elle, effarée. Cela fait si longtemps ?

— Eh oui, déjà bien longtemps, dis-je avec amertume.

— Et ensuite, quand êtes-vous revenus ?

— Nous ne sommes jamais revenus. »

Elle secoue la tête.

« Ils ne sont pas revenus. Ils ne sont pas revenus... Plus jamais ?

— Non, plus jamais.

— Mais je suis une mère », déclare-t-elle tout à coup d'une voix chargée de reproches.

Et je suis une fille, ai-je envie de lui lancer à la figure. Mais je reste silencieuse.

Il y a un moment de pause. Son regard se perd dans le vide.

« Pourquoi aujourd'hui n'est-il pas venu avec toi, ton petit ? demande-t-elle enfin d'une voix dépitée.

— Il ne pouvait pas à cause de son travail. C'est un homme, maintenant. Il a trente-deux ans. »

Elle me fixe, déconcertée.

« Trente-deux ans ? Déjà aussi grand ? »

Elle semble stupéfaite.

J'approuve d'un signe de tête.

« Oui, le temps file. »

Je me rends compte que j'ai employé une expression toute faite, absurde dans ce contexte ; j'ai la tête en compote.

« Et il est marié ?

— Pas encore.

— Et toi, tu as un mari ?

— Je suis veuve. »

Elle réfléchit.

« Probablement était-il déjà très âgé, calcule-t-elle.

— Mon mari est mort à quarante-sept ans.

— Vraiment ? » interroge-t-elle, incrédule.

Elle porte deux doigts à ses tempes et lâche un gros soupir, comme si toutes ces révélations lui faisaient mal à la tête.

« Et tu as assez d'argent ? » s'enquiert-elle enfin.

Je fais signe que oui. Et je repense à cet or qu'elle voulait me donner en 1971. « Il pourrait te servir en cas de besoin », m'avait-elle dit. Et elle m'avait perdue.

« Il parle de moi, quelquefois ? »

Je la regarde d'un air hébété.

« Mon petit-fils se souvient de moi ? »

Non, elle ne se rend pas compte. Elle n'imagine pas le traumatisme qu'il a subi ce jour-là à Vienne. Il avait cinq ans. L'indifférence de ma mère a été pour lui une désillusion, un déchirement. Il s'était imaginé trouver une grand-mère – parce que sa grand-mère paternelle préférait ouvertement ses petits-enfants italiens à lui, qui était à moitié autrichien. Au lieu de quoi, elle l'avait ignoré, sinon repoussé.

« Un jour, tu me l'amèneras ? » demande-t-elle maintenant d'une voix tendre, avec une émotion presque convaincante.

Je mens :

« Oui.

— Et vous m'apporterez des roses jaunes ? »

Qui sait d'où lui vient cette passion des roses jaunes ? Était-ce un hommage habituel de son mystérieux ami de Berlin ? Et celui-ci, quel rôle aura-t-il joué dans sa vie ?

En suivant le cours de ces pensées, j'ai dû sans le vouloir faire un signe affirmatif, parce que ma mère me presse :

« Et ton fils, il m'appellera Oma ? »

Oma, grand-mère, mammy. Non, je crois que mon fils ne l'appellerait jamais ainsi. Je regarde par la fenêtre. Le ciel est encore plombé. Il s'est remis à tomber une pluie légère.

Dans mon dos, sa voix répète :

« Et ton fils m'appellera Oma ? »

Je me retourne. Je fixe ces yeux bleus dont mon fils a hérité.

« Oui, il t'appellera Oma... »

À cet instant retentit le second gong du repas. Ma mère tressaille.

« Je ne veux pas manger ! crie-t-elle, effarée. Je veux encore parler avec toi. »

Elle a les yeux exorbités, la voix implorante, mais elle ne tremble plus de la mâchoire.

Elle se lève, fait quelques pas dans ma direction.

« Ne t'en va pas, ne t'en va pas ! »

Elle m'attrape le bras, s'abandonne comme si elle voulait tomber à genoux à mes pieds. Je la soutiens, la reconduis tout doucement à son fauteuil.

« Tu veux que je te raconte quelque chose d'autre ? »

Elle sait que c'est la seule façon de me retenir.

Je suis debout, et, pour me faire face, elle est obligée de renverser la tête. Dans cette attitude, le corps recroquevillé, les bras croisés sur la poitrine, elle paraît encore plus fragile. Mais dans son regard, brille déjà une nouvelle lueur.

« Tu veux que je te parle du quatrième ? propose-t-elle d'un ton insinuant.

— Du quatrième ? »

Je répète automatiquement. Une nouvelle fois, me voilà piégée.

Ma mère se ressaisit, se lisse sa robe de laine sur les genoux, me lance un coup d'œil vaguement joyeux.

« Alors ? questionné-je d'un ton brusque. Qu'est-ce que c'était, ce mystérieux quatrième ?

— Si je te le dis, tu resteras encore avec moi ? »

J'acquiesce.

« Combien de temps ?

— Tant que Fräulein Inge ne nous demandera pas de partir.

— Ne t'inquiète pas, elle n'en fera rien. »

Elle paraît sûre d'elle.

« Alors ?

— Le quatrième crématorium de Birkenau n'avait pas de fours, commence-t-elle en savourant chaque mot, visiblement satisfaite de m'avoir prise dans son filet, parce qu'il n'a jamais été terminé. Ce n'était qu'une grande fosse avec des braises. »

Elle se penche vers moi comme en confidence :

« Le nouveau commandant d'Auschwitz s'y amusait follement. Il faisait tirer sur les détenus alignés au bord de la fosse pour le plaisir de les voir tomber dedans. »

Je voudrais ne pas la croire, je voudrais penser qu'elle a inventé cette histoire à seule fin de me retenir. Mais je sais qu'elle dit la vérité.

Une vérité qui lui sort de la bouche sans que son ton trahisse la moindre émotion.

« Il y en avait aussi un autre qui se distrayait de la même façon, reprend-elle, mais, lui, il faisait conduire des Juives au bord de la fosse. Des Juives nues.

— Qui était-ce ?

— Moll, le responsable des crématoires. Quand il les voyait tomber dans les braises, il riait comme un fou. Il ne haïssait personne autant qu'eux, pas même les détenus russes. »

Je ne peux m'empêcher de lâcher :

« Mais qu'est-ce que vous aviez tous contre les Juifs ?

— Qui ça, tous ? s'insurge-t-elle.

— Mais... (Je hausse les épaules.) Tous : Hitler, Himmler, le régime, les SS... bref, vous.

— Ils étaient coupables, répond-elle d'un ton cassant.

— De quoi ?

— De tout. De la défaite dans la Première Guerre mondiale, de défaitisme continu envers l'Allemagne, d'une conjuration internationale pour déchaîner un nouveau conflit... »

Elle parle avec une absolue conviction, mais on dirait qu'elle récite une vieille leçon, une litanie bien rodée.

Je l'interromps :

« Arrête. »

Je n'en peux plus. Je prends ma respiration et, d'une voix plus posée, ajoute :

« Ça me fait mal que ma mère ait vécu à côté de gens sadiques et criminels.

— Sadiques et criminels, répète-t-elle, piquée au vif. C'est très dur de se l'entendre dire par sa fille.

— Je sais », répliqué-je sèchement.

Elle se tait, semble réfléchir.

« Peut-être as-tu raison, reprend-elle, même si ce n'est qu'en partie. La guerre change les gens et elle a aussi changé beaucoup d'entre nous. »

Justifiés et absous. Insupportable.

J'explose :

« La guerre n'a rien à voir avec l'extermination ! Les chambres à gaz ne sont pas la guerre, les fours crématoires ne sont pas la guerre !

— Ce n'est pas moi qui ai décidé la solution finale, rétorque-t-elle, sur la défensive, je n'ai fait qu'obéir aux ordres. Je devais être fidèle à mon serment, et un serment c'est sacré. Et je veux te dire autre chose, et, si tu refuses de me croire, c'est le même tarif. Parmi mes camarades SS, j'ai connu des gens intelligents, cultivés, responsables, d'excellents pères de famille comme Rudolf Höss... Des hommes d'honneur, des hommes extraordinaires... »

Des hommes d'honneur... des amis de la nature, de la vie de foyer, des animaux... L'imagerie nazie dans tout son kitsch le plus nauséabond.

J'observe Eva. Elle est très pâle. Je m'efforce de rester calme. Je cherche la réponse la moins agressive.

« Excuse-moi, dis-je sans emphase, mais qualifier les SS d'"hommes d'honneur" me paraît franchement excessif. »

Ma mère a une réaction foudroyante, tranchante :

« S'il en va ainsi pour les hommes, tu veux dire qu'il

n'y avait pas non plus de femmes d'honneur. Et moi, je serais quoi ? Tu me considères vraiment comme une criminelle, ainsi que le tribunal militaire qui m'a condamnée ? Avec quels yeux vois-tu ta mère, allons ? Il est temps que les choses soient claires entre nous ! »

Elle est hors d'elle.

J'attends quelques secondes, puis je réponds, en tâchant de ne pas élever la voix :

« Avec quels yeux crois-tu que je puisse regarder une mère qui a été gardienne à Birkenau ? »

Elle n'hésite pas une seconde :

« Eh bien, ma fille, que cela te plaise ou non, je ne me repens pas d'avoir appartenu à la Waffen-SS, c'est clair ? »

Oh oui, c'est clair, je n'en doutais pas, mère.

« Et sache par-dessus le marché, poursuit-elle fièrement, que j'ai moi-même demandé à être affectée dans un de ces camps – et tu veux savoir pourquoi ? Parce que j'y croyais. Je croyais à la mission de l'Allemagne : libérer l'Europe de cette... de cette race répugnante. »

Je me lève. Sortir : telle devrait être ma réponse. Au lieu de quoi je réponds, comme je l'ai fait auparavant :

« Les mères avec les nouveau-nés dans les bras ne te faisaient pas non plus pitié quand elles entraient dans les chambres à gaz ? Les enfants non plus ? »

J'aurais dû deviner que, désormais, il n'y avait rien d'autre à dire. Alors qu'est-ce que je cherche ? Pourquoi continuer à lui adresser les mêmes questions ?

Elle a un instant d'incertitude. Elle ajuste son regard dans le vide. Sa respiration se trouble comme si elle grimpait des escaliers raides. Puis, subitement, elle se calme, lève les yeux, les pose fixement sur moi. Tout en elle a changé : l'expression, le regard, la voix. Tout est nouveau pour moi.

« D'accord, martèle-t-elle. Maintenant, dis-moi ce que tu veux que je te réponde. »

Elle feinte.

« Je ne comprends pas. »

Elle a une expression étrange.

« Tu ne m'as pas posé une question ? Eh bien, dis-moi ce que tu veux que je te réponde. »

Elle est calme, lucide comme je ne l'ai jamais vue jusqu'ici. Sa voix trahit un soupçon de raillerie mâtiné d'une espèce d'indulgence presque affectueuse.

Je suis vraiment désorientée. J'ai la sensation que c'est elle qui, par un artifice subtil et indéchiffrable, mène maintenant le jeu.

« Alors ? me presse-t-elle, toujours d'un ton légèrement moqueur. Tu ne sais que dire ? Tu ne sais quelle réponse tu voudrais entendre à ta sale question méchante et malveillante ? »

Avec une morgue ostentatoire, elle secoue la tête.

« Ma pauvre Mausi, je l'ai laissée sans voix. »

Est-il possible qu'au dernier instant elle me concède une ombre de bienveillance, un brin de chaleur ?

La tête me tourne un peu, je ne suis pas certaine non plus de me souvenir de ma « sale question méchante et malveillante ». Mais je réplique comme un automate :

« Je veux que tu répondes sincèrement, c'est tout. »

Au diable la question ! Je suis exténuée. Je voudrais être déjà dans le taxi, de retour à l'hôtel, puis aller dîner avec Eva dans un restaurant du centre. J'ai envie de cuisine typiquement viennoise, de bière brune.

« D'accord, dit ma mère. Donc, tu veux la vérité, rien que la vérité. Tu es sûre ?

— Oui. »

Elle joint les mains, inspire profondément, son grand front blanc se déride.

« Je voudrais vraiment pouvoir te dire autre chose, mais puisque tu exiges la vérité... Eh bien, tu l'auras. »

Subitement me vient la tentation de tout arrêter, de la prier de se taire, de prendre congé. Mais je la réprime.

« Pour moi, ce qui était juste pour le gouvernement devait être juste, commence-t-elle d'une voix ferme, et je n'avais pas le droit d'avoir des pensées, des opinions et des sentiments d'ordre personnel. J'avais au contraire le devoir d'obéir sans discuter aux ordres des supérieurs, et, si ces ordres prévoyaient d'asphyxier dans des chambres à gaz des millions de Juifs, j'étais prête à collaborer. Pour cela, crois-moi, je ne pouvais absolument pas me permettre la moindre faiblesse à l'égard des mamans ou des enfants. Quand je voyais les plus petits entrer dans le bunker, la seule chose que je parvenais à penser, c'était : autant de marmots juifs en moins, autant de nouveau-nés qui ne deviendront jamais de répugnants Juifs adultes. »

Elle s'arrête, lutte contre un début de tremblement de la mâchoire, puis décide de passer outre et poursuit. Un moment d'une grande intensité.

Elle me lance un regard clair et franc.

« J'étais convaincue de la justesse de la solution finale ; en conséquence, j'accomplissais mes tâches avec beaucoup de zèle et de persuasion. Par la suite, on m'a traitée comme une criminelle, mais, même durant ma détention, je n'ai jamais cessé de me sentir fière, et digne, d'avoir appartenu à l'Allemagne de notre grand Führer... Tu sais qu'à Birkenau je lisais Kant ? »

Ses yeux brillent. Elle emportera ses erreurs dans la tombe, me dis-je en frissonnant.

« Le monde ne nous comprenait pas, ajoute-t-elle

d'une voix encore chargée de rancœur, et à la fin tous se sont unis pour nous anéantir. »

Elle me regarde avec un remords qu'on dirait sincère.

« Si tu espérais que j'avais changé d'idée, je suis au regret de devoir te détromper. Je reste ce que j'étais. »

Et elle conclut :

« J'ai dit la vérité, toute la vérité. La vérité que tu voulais. »

La vérité que je voulais...

Dans le petit salon s'installe un silence pesant. Ma mère semble perdue dans un ailleurs lointain. A-t-elle été vraiment sincère ou a-t-elle dit ce qu'elle croyait que je voulais entendre – quelque chose qui m'aide à la haïr définitivement, à me libérer d'elle une fois pour toutes ?

Elle lève la tête, me scrute de ses yeux plissés, comme si elle avait du mal à me cerner. Sur ses lèvres se dessine un sourire torve, ambigu. Un instant plus tard, elle se tourne vers la fenêtre et se met à jouer avec un bout de tissu. Ses mouvements se font progressivement plus lents et mécaniques jusqu'à ce qu'elle s'immobilise, avec un bout de tissu entortillé autour d'un doigt. Elle se laisse glisser. Et je me rends compte que, si, hier encore, je ressentais son absence comme une présence obsédante, sa présence est maintenant une irrévocable absence. J'éprouve de l'angoisse en même temps qu'une inexplicable tendresse. Elle est ma mère, ma mère malgré tout. Dois-je avoir honte si parfois l'instinct, mon instinct de fille, triomphe des raisons de la morale, de l'histoire, de la justice et de l'humanité ?

Eva m'effleure le bras avec un sourire complice. Elle fait un signe en direction de ma mère avec une expression désarmée. Je comprends qu'elle partage mes sentiments. Un instant après arrive Fräulein Inge.

« Dans la salle à manger, ils n'attendent que vous, dit-elle à ma mère avec une aisance professionnelle. Nous y allons ? »

Ma mère paraît sortir d'une brève léthargie.

« Je n'irai pas ! »

Instantanément, la revoici rude et belliqueuse.

« Aujourd'hui, je ne mange pas. J'ai encore à parler avec ma fille.

— L'heure des visites est terminée, s'efforce de la convaincre la Fräulein, et vous devez venir à table.

— J'ai dit que je n'irai pas ! »

Ma mère se lève, la voix tendue :

« Vous n'avez qu'à aller manger vous-même, si vous y tenez tant, et me laisser seule avec ma fille !

— Moi, je pense au contraire que vous devez dire au revoir à vos visiteuses, répond la Fräulein avec une grande fermeté. Donnez-moi la main, allez, allez. »

Ma mère crie :

« Je ne veux que la main de ma fille ! Je ne veux celle de personne d'autre ! »

Et, d'un geste rapide et rebelle, elle se cache la main gauche sous l'aisselle, comme une enfant capricieuse et têtue.

Fräulein Inge libère doucement cette main rebelle, la serre dans la sienne. Furieuse, ma mère hurle :

« Ça me fait mal ! Au secours, ça me fait mal ! »

Elle se débat, réussit à se libérer, se précipite vers moi.

« Tiens-moi, toi. Tiens-moi, toi ! » implore-t-elle en m'agrippant la main, et elle m'adresse un sourire confiant.

J'éprouve un mélange de gêne et de peine, et un sentiment instinctif de protection.

« Ne t'en va pas..., supplie-t-elle maintenant, ne t'en va pas... »

Et ses doigts froids et osseux étreignent spasmodiquement les miens.

« Je suis seule ; ici, jamais personne ne vient me voir... », balbutie-t-elle.

Encore une fois, Fräulein Inge la reprend :

« Frau Freihorst ne vient peut-être pas trois fois par semaine vous tenir compagnie ? »

Ma mère pousse en avant sa lèvre inférieure :

« Peu importe, je ne veux que ma fille. »

La Fräulein secoue la tête, renonce à répondre. Elle me fait signe de sortir avec ma mère. J'obéis, désorientée.

Dans le couloir se propagent des bruits typiques de l'heure du repas : cliquetis de vaisselle, voix qui se courent après, personnel de service qui pousse des chariots pleins de boissons, de couverts et de plats.

Fräulein Inge nous précède vers la porte de la salle à manger. Nous sommes sur le point de franchir le seuil quand, tout à coup, ma mère détache sa main de la mienne et, dans un élan soudain, s'accroche à mon cou.

« Ne me laisse pas, sanglote-t-elle, ne t'en va pas ! »

Le silence se fait autour de nous. Sous les voûtes ne résonnent que ses pleurs. Tous nous observent, consternés.

Ma mère pose maintenant la tête sur ma poitrine et geint :

« Reste avec moi, reste avec moi... »

Fräulein Inge cherche à me libérer de l'étreinte de ses bras fragiles et desséchés qui, dans cette embrassade effarée, révèlent une force insoupçonnée. Ma mère pleure toujours plus fort, se débat, puis se met subitement à me couvrir de baisers : elle embrasse les manches de ma veste, les boutons, le collier de perles, le revers avec la broche achetée à Venise un jour où le temps était couvert. Elle m'embrasse la paume des mains... Terrible.

Comme si un voile se déchirait. Désormais, toute notre histoire est ici. L'histoire manquée d'une mère et d'une fille. Une non-histoire.

Laisse-moi partir, mère.

Enfin, Fräulein Inge a réussi à nous séparer. En un geste compréhensif, elle pose les mains sur les épaules de ma mère.

« À présent, vous devez être raisonnable et saluer vos deux visiteuses. »

Eva me chuchote :

« Dis-lui que tu reviendras dans l'après-midi. »

J'y consens :

« Maintenant, tu vas déjeuner et, moi, je reviens dans l'après-midi. »

Dans les yeux de ma mère, encore embués de larmes, passe une lueur de joie :

« Tu parles sérieusement ?

— Oui.

— Tu me le promets.

— Oui. »

Je me fais honte.

Alors, ma mère se libère de l'emprise de Fräulein Inge avec un mouvement d'impatience et déclare solennellement :

« Je vais manger, car ma fille a promis de revenir dans l'après-midi. Et je crois ma fille, parce que c'est quelqu'un de parole. Ma fille ne ment pas. Ma fille n'est pas de celles qui disent une chose et ne s'y tiennent pas. Elle est sincère. C'est ma fille, et j'ai confiance en elle. »

Pendant quelques instants encore, elle me scrute

avec une douloureuse intensité, puis, avec une douceur dont je ne l'aurais pas crue capable, demande :

« Tu me ferais un autre baiser, Mausi ? »

J'ai un pincement de cœur, aussi vif qu'une blessure.

Et je l'embrasse. Je me penche et embrasse la joue glaciale de ma mère. Plus je me penche, plus elle rapetisse. Je voudrais l'appeler Mutti, mais le mot me reste coincé en travers de la gorge. Je cherche un geste d'affection, lui serre gauchement une épaule. Peut-être lui fais-je mal, mais elle est contente, elle sourit.

Irrémédiable sensation d'irréalité. Encore une fois, je me demande qui j'ai devant moi.

As-tu vraiment été une nazie irréductible, mère, ou as-tu dit toutes ces horreurs pour m'aider à te haïr ?

Je regarde ses yeux confiants qui se réfléchissent dans les miens, et je me dis : non, je ne la hais pas. Simplement, je ne l'aime pas.

« Il est temps d'y aller », répète Fräulein Inge d'une voix calme mais ferme.

Ma mère obéit, adoucie.

« À plus tard, fait-elle dans un sourire. À plus tard, ma fille. »

Et elle se dirige vers la salle à manger, vers le brouhaha.

Je la suis du regard. Au dernier instant, avant de franchir le seuil, elle se tourne et m'envoie un baiser du bout du doigt. De nouveau, elle a une expression étrange. Et de nouveau, je la sens irrévocablement lointaine.

Je me perds dans mes pensées et, quand j'en émerge, ma mère n'est plus là. J'ai une sensation de froid, de vide. Je fixe le double battant de la salle à manger ; peut-être ébauché-je un pas dans cette direction, puisque Eva me retient par le bras et chuchote :

« Nous devons y aller. »

J'acquiesce et je me dis : j'ai perdu.

Encore une fois, j'ai perdu.

« Si vous le souhaitez, nous pouvons nous parler au téléphone », propose Fräulein Inge.

J'accepte, reconnaissante, et elle me tend une feuille avec son numéro personnel.

« Appelez-moi, même tard », dit-elle aimablement.

Émue, je réponds :

« J'appellerai de l'hôtel.

— Elle est entre de bonnes mains », m'assure-t-elle avec un sourire d'adieu.

Ma cousine me conduit, bras dessus, bras dessous, à travers le long couloir, en direction des escaliers. J'ai la gorge serrée ; j'ai du mal à respirer.

« C'est terminé », murmure Eva avec affection.

Et je me laisse aller et commence à pleurer.

À la loge du concierge, on nous appelle un taxi. Je ne tiens pas très bien sur mes jambes. Toujours cette violente sensation d'irréalité. Que s'est-il passé ?

Que s'est-il passé ?

Je lève la tête. Une pluie fine me rafraîchit le front.

« C'est terminé, répète ma cousine. Tout est fini, détends-toi. »

Un ciel de plomb pèse sur la cime des vieux platanes, l'air est humide et poisseux.

Le taxi s'arrête devant la grande porte extérieure.

Avant de monter, Eva se tourne vers moi et demande :

« Tu comptes revenir ?

"Mort pour la patrie"

Les roses de Verdun

Bernard Clavel

Durant la Grande guerre, Lucien Martinon fait fortune dans le commerce des armes. La guerre suivante éclatera comme pour châtier son opportunisme : en 1940, son fils Régis, jeune lieutenant, tombe sous les balles allemandes. À l'effondrement moral de Lucien vieillissant, s'ajoute la découverte d'un mal incurable. Plus que quelques mois à vivre. En dépit des médecins, Lucien décide de se rendre sur la tombe de son fils inhumé quelque part dans les Vosges. Un long voyage intérieur s'annonce...

(Pocket n°11656)

"Parfum d'antan"

Esther Mazel
Frédérique Hébrard

En 1941, Esther est confiée à Abraham Mazel, protestant cévenol. À la libération, Esther ignore que sa mère est morte en déportation et ne garde d'elle que le souvenir charmant d'un mystérieux parfum. Un jour, alors qu'elle n'a jamais connu son père, Esther apprend que celui-ci est décédé et qu'il lui lègue toute sa fortune. Devenue riche, la jeune femme part à New York et y crée des fragrances qui rencontrent un formidable succès. Sa vie ne sera alors plus qu'une quête pour retrouver l'essence que portait sa mère...

(Pocket n°11389)

Achevé d'imprimer sur les presses de

BUSSIÈRE

GROUPE CPI

à Saint-Amand-Montrond (Cher)
en février 2004

POCKET - 12, avenue d'Italie - 75627 Paris Cedex 13
Tél. : 01-44-16-05-00

— N° d'imp. : 40359. —
Dépôt légal : février 2004.

Imprimé en France